辽宁省职业教育"十四五"规划教材
职业教育高速铁路客运服务专业系列教材

高速铁路客运安全与应急处理

第 2 版

黄丽学　谢婉泽　主　编
孙晓明　　　　　主　审

人民交通出版社
北京

内 容 提 要

本书为职业教育高速铁路客运服务专业系列教材、辽宁省职业教育"十四五"规划教材。全书按照项目"案例导入-任务引领"的模式编写,其主要内容包括高速铁路客运安全管理、高速铁路客运组织安全、高速铁路车站应急处理、高速动车组列车非正常情况应急处理以及高速铁路旅客伤害应急处理。

本书作为职业院校高速铁路客运服务专业及相关专业教材,可供行业从业人员培训使用,也可供相关人员学习参考。

* 本书配有教学课件,读者可加入"职教铁路教学研讨群(教师专用 QQ 群号:211163250)"免费获取。

图书在版编目(CIP)数据

高速铁路客运安全与应急处理/黄丽学,谢婉泽主编. —2 版. —北京:人民交通出版社股份有限公司, 2025.1

ISBN 978-7-114-19485-6

Ⅰ.①高… Ⅱ.①黄… ②谢… Ⅲ.①高速铁路—铁路运输—旅客运输—安全管理②高速铁路—铁路运输—旅客运输—突发事件—交通运输管理 Ⅳ.①U293

中国国家版本馆 CIP 数据核字(2024)第 071061 号

辽宁省职业教育"十四五"规划教材
职业教育高速铁路客运服务专业系列教材
Gaosu Tielu Keyun Anquan yu Yingji Chuli

书　　名:	高速铁路客运安全与应急处理(第 2 版)
著　作　者:	黄丽学　谢婉泽
责任编辑:	袁　方
责任校对:	龙　雪
责任印制:	刘高彤
出版发行:	人民交通出版社
地　　址:	(100011)北京市朝阳区安定门外外馆斜街 3 号
网　　址:	http://www.ccpcl.com.cn
销售电话:	(010)85285911
总　经　销:	人民交通出版社发行部
经　　销:	各地新华书店
印　　刷:	北京市密东印刷有限公司
开　　本:	787×1092　1/16
印　　张:	10.25
字　　数:	232 千
版　　次:	2020 年 8 月　第 1 版 2025 年 1 月　第 2 版
印　　次:	2025 年 1 月　第 2 版　第 1 次印刷　总第 7 次印刷
书　　号:	ISBN 978-7-114-19485-6
定　　价:	38.00 元

(有印刷、装订质量问题的图书,由本社负责调换)

第2版前言

铁路运输的安全状况是铁路运输质量的重要表现,能够反映铁路运输企业的管理水平、设备质量、人员素质和社会秩序的状况。铁路运输安全直接关系到广大人民群众的生命和财产安全,这就需要相关管理单位采取有效措施,以人为本,为铁路运输安全作出应有的贡献。

当前,我国高速铁路正处于建设发展的黄金时期,作为国家战略性新兴产业,大规模高速铁路建设有序、高效推进,技术装备水平快速提升,运输经营成效显著,内部环境和谐稳定,路网规模质量大幅提升,建成了世界最大的高速铁路网,基本形成布局合理、覆盖广泛、层次分明、配置高效的铁路网络。截至2023年底,全国铁路营业里程达到15.9万km,其中高速铁路达4.5万km,"八纵八横"高速铁路网络主通道已建成约80%。但我们必须清醒地认识到,我国高速铁路加快发展的新形势也使运输安全工作面临着新的挑战和考验,高速铁路运输安全进入了关键时期。

本书贯彻国家"职教二十条",体现职教精神,依据教育部颁布的《铁道交通运营管理专业教学标准》以及全国铁道职业教育教学委员会最新制定的《高等职业学校铁道交通运营管理专业建设指导标准》编写,呈现以下几个方面特点:

(1) 以规章为基础,知识体系完整。本书以《铁路旅客运输规程》《高速铁路安全防护管理办法》《铁路旅客运输安全检查管理办法》《动车组安全管理办法》《铁路旅客人身伤害及携带品损失处理暂行办法》等相关规章及文献资料为依据,针对高速铁路客运组织的特点,共设置了5个项目,全面介绍了高速铁路客运安全管理、高速铁路客运组织安全、高速铁路车站应急处理、高速动车组列车应急处理及高速铁路旅客伤害应急处理等内容,构建了完整的知识体系。

(2) 渗透思政元素,注重立德树人。本书收集了大量高速铁路客运安全与应急处理的实际案例,融入任务教学。在实际案例中理论联系实际,突出专业岗位技能与思政元素的紧密融合,让学生感悟榜样力量,润物无声地培养学生具有"专业精神、职业精神、工匠精神、劳模精神"的工作理念。

(3)项目任务驱动,职教特色鲜明。本书以"项目-任务"的形式设计教材内容,充分体现任务驱动的职业教育特色。项目和任务之间既可以独立使用又相互关联,由浅入深,递进式地为学生提供体验实践的情境,围绕任务展开学习,以任务的完成结果来检验和总结学习过程,促使学生主动建构探究、实践、思考、运用、解决的高智慧的学习体系。

(4)校企融合创新,强化职业素养。本书由辽宁轨道交通职业学院、辽宁铁道职业技术学院、中国铁路广州局集团有限公司长沙客运段有关人员合作编写,由中国铁路沈阳局集团有限公司沈阳站有关人员主审。校企融合创新,强化了学生职业素养养成和专业技术积累,合力提升学生的职业能力。

(5)配套资源丰富,教学高效便捷。本书配有完整的教学资源库,为教师提供配套的课程标准、电子课件、教案、习题及答案、任务工单、案例分析及录课视频等,实现教材的立体化,便于读者理解相关知识和更深入地学习。

(6)深化工学结合,融通岗课赛证。本书以学生毕业后主要从事的铁路客运员、列车员和列车长等高速铁路客运岗位为出发点,结合高速铁路客运非正常情况设计递进式的工作情境,一体化设计"对接整合、重构再造、转换转化"的岗课赛证融通机制。

参与本书编写的有辽宁轨道交通职业学院黄丽学(负责编写项目一及项目三),辽宁轨道交通职业学院谢婉泽(负责编写项目二及附录二),辽宁轨道交通职业学院马成禄(负责编写项目五及附录一),中国铁路广州局集团有限公司长沙客运段彭颖蓉(负责编写项目四的任务一、任务二、任务三),中国铁路广州局集团有限公司长沙客运段李峰(负责编写项目四的任务四及任务五),辽宁铁道职业技术学院杨松尧(负责编写项目四的任务六);全书由黄丽学、谢婉泽担任主编并负责统稿;中国铁路沈阳局集团有限公司沈阳站孙晓明负责主审,他们对本书的编写进行了专业的指导,给予了无私的帮助,在此谨向他们表达衷心的感谢和深深的敬意!

由于编者水平有限,书中难免存在不妥之处,敬请所有关注或使用本书的读者给予批评指正。

编　者
2024 年 10 月

目　录

二维码数字资源 ·· I

项目一　高速铁路客运安全管理 ··· 1
　　任务一　高速铁路客运安全管理概述 ·································· 2
　　任务二　高速铁路客运安全保障体系 ·································· 8

项目二　高速铁路客运组织安全 ·· 19
　　任务一　高速铁路旅客运输作业安全 ································· 20
　　任务二　高速铁路客运工作人员及旅客人身安全 ·················· 31
　　任务三　高速铁路客运组织防火安全 ································· 35
　　任务四　高速铁路旅客携带品的查堵及处理 ······················· 41
　　任务五　高速铁路反恐防暴处理 ······································ 45
　　※实训一　高速铁路客运组织安全实训任务工单 ················· 50

项目三　高速铁路车站应急处理 ·· 56
　　任务一　高速铁路车站大客流应急处理 ····························· 57
　　任务二　高速铁路车站动车组列车晚点应急处理 ·················· 59
　　任务三　动车组列车紧急停车应急处理 ····························· 63
　　任务四　高速铁路车站火灾应急处理 ································· 65
　　任务五　旅客服务相关系统发生故障时的应急处理 ··············· 67
　　任务六　高铁车站其他异常情况应急处理 ·························· 72
　　※实训二　高速铁路车站应急处理实训任务工单 ·················· 77

项目四　高速动车组列车非正常情况应急处理 ······················ 79
　　任务一　动车组列车严重晚点的应急处理 ·························· 80

任务二　动车组列车超员的应急处理 …………………………………… 92
　　任务三　动车组列车遇自然灾害的应急处理 …………………………… 93
　　任务四　动车组列车设备故障的应急处理 ……………………………… 96
　　任务五　动车组列车行车事故的应急处理 …………………………… 108
　　※实训三　高速铁路动车组列车非正常情况应急处理实训任务工单 … 111

项目五　高速铁路旅客伤害应急处理 ……………………………………… 114
　　任务一　旅客意外伤害应急处理 ……………………………………… 115
　　任务二　旅客食物中毒应急处理 ……………………………………… 118
　　任务三　旅客突发疾病应急处理 ……………………………………… 120
　　任务四　其他旅客伤害应急处理 ……………………………………… 123
　　任务五　旅客应急救援常识 …………………………………………… 124
　　※实训四　高速铁路旅客伤害应急处理实训任务工单 ……………… 129

参考文献 …………………………………………………………………… 135

附录 ………………………………………………………………………… 136
　　附录一　动车组故障应急处置预案（暂行） ………………………… 137
　　附录二　"高速铁路客运安全与应急处理"课程参考标准 ………… 151

二维码数字资源

序号	名称	二维码	页码	序号	名称	二维码	页码
1	课程介绍		2	9	项目三—任务三简介		63
2	项目一—任务一简介		2	10	项目四—任务一简介		80
3	项目一—任务二简介		8	11	项目四—任务二简介		92
4	项目二—任务一简介		20	12	项目四—任务三简介		93
5	项目二—任务二简介		31	13	项目五—任务一简介		115
6	项目二—任务三简介		35	14	项目五—任务二简介		118
7	项目三—任务一简介		57	15	项目五—任务三简介		120
8	项目三—任务二简介		59				

项目一

高速铁路客运安全管理

❀ 项目介绍

本项目主要介绍高速铁路客运安全管理的相关基础知识及安全保障体系。

◎ 教学目标

1. 知识目标

了解高速铁路客运安全管理的影响因素;掌握高速铁路客运安全管理的措施;了解高速铁路安全保障体系。

2. 技能目标

能够按照高速铁路客运相关规定进行作业;能够保证客运组织过程中的人身安全及财产安全。

3. 素质目标

培养学生具备铁路客运员、列车长、列车员以及随车机械师等高速铁路客运岗位工作中安全第一的意识。

任务一　高速铁路客运安全管理概述

【案例1-1】"7·23"甬温线特别重大铁路交通事故（图1-1）

图1-1　"7·23"甬温线特别重大铁路交通事故

【事故概况】2011年7月23日20时30分05秒，甬温线浙江省温州市境内，由北京南站开往福州站的D301次列车与杭州站开往福州南站的D3115次列车发生动车组列车追尾事故。此次事故共有6节车厢脱轨（D301次列车第1位至第4位，D3115次列车第15位、第16位），造成40人死亡、172人受伤，中断行车32小时35分，直接经济损失19371.65万元。

【事故定性】经调查认定，"7·23"甬温线特别重大铁路交通事故是一起因列控中心设备存在严重设计缺陷、上道使用审查把关不严、雷击导致设备故障后应急处置不力等因素造成的责任事故。

【事故原因】中国铁路通信信号集团有限公司（简称中国通号）所属通信信号研究设计院在LKD2-T1型列控中心设备研发中管理混乱，中国通号作为甬温线通信信号集成总承包商履行职责不力，致使为甬温线温州南站提供的设备存在严重设计缺陷和重大安全隐患。原铁道部所属部门及有关企业在LKD2-T1型列控中心设备招投标、技术审查、上道使用等方面违规操作、把关不严，致使其上道使用。雷击导致列控中心设备和轨道电路发生故障，再加上错误地控制信号显示，致使行车处于不安全状态。同时，事故全过程也表现出上海铁路局集团公司相关作业人员的安全意识薄弱。

在事故抢险救援过程中，上述责任部门与单位存在处置不当、信息发布不及时、对社会关切回应不准确等问题，造成了不良的社会影响。

一、高速铁路客运安全管理的意义

铁路运输的安全状况是铁路运输质量的重要表现,能够反映铁路运输企业的管理水平、设备质量、人员素质和社会秩序的状况。铁路运输安全直接关系到广大人民群众的生命和财产安全,这就需要相关管理单位采取有效措施,以人为本,为铁路运输安全作出应有的贡献。

当前,我国高速铁路正处于建设和发展的黄金时期,大规模高速铁路建设有序、高效推进,技术装备水平快速提升,运输经营成效显著,内部环境和谐稳定。但我们必须清醒地认识到,我国高速铁路加快发展的新形势也使运输安全工作面临着新的挑战和考验,高速铁路运输安全工作已进入了关键时期。

高速铁路客运安全的问题集中表现在如下几个方面:

(1)我国高速铁路发展很快,高速铁路网规模迅速扩大,高速铁路安全管理给我们提出了一系列新的课题,确保高速铁路安全的任务极为艰巨。

(2)铁路建设正处于历史最高峰,新线施工十分密集,既有线施工任务繁重。因此,确保施工安全的压力也更大。

(3)在路网规模快速扩充、新技术装备广泛运用的情况下,生产和劳动组织正发生深刻的变革,职工队伍结构调整和素质提升的任务相当紧迫。

(4)铁路治安环境更复杂,气候环境变化,灾害天气增加,对铁路运输安全尤其是高速铁路运行安全带来影响。

面对当前铁路运输安全的新形势,高速铁路客运人员必须以高度的政治责任感和强烈的忧患意识对待安全工作,深入研究新情况,抓住新矛盾,探索新思路,制定新对策,解决新问题,不断提升铁路安全工作水平,确保铁路运输安全持续稳定。铁路运输安全,不仅与铁路的声誉和市场竞争力密切相关,而且直接与社会、人民的生命和财产安全息息相关。

高速铁路客运安全管理工作涉及人身安全、作业安全、电器安全、设备安全、行车安全、食品安全、自然灾害、火灾意外事故、治安及其他,如图1-2所示。

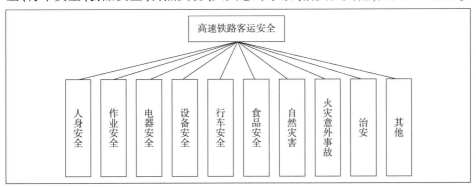

图1-2 高速铁路客运安全管理工作

在不断发展的高速铁路运输生产过程中,保证旅客的生命和财产安全是铁路运输服务的一项重要质量指标。中国国家铁路集团有限公司(简称国铁集团)始终贯彻"安全第一、预防为主、综合治理"的十二字方针,制定了完善的规章制度,开展标准化活动,严格作业纪律,加强设备检修,不断采用新装备、新技术,以保证高速铁路运输安全。

二、高速铁路客运安全管理的影响因素

影响高速铁路客运安全的因素纷繁复杂,涉及面广,从整体出发可分为人员因素、设备因素与外部环境因素3大类。

(一)人员因素

在"人员—设备—环境"系统中,人员扮演着重要角色。在高速铁路运输生产过程中的每项作业、每个环节中,人员控制、操纵和监督各种设备,完成各项操作,可以说,人员因素在整个系统的安全中起着关键的主导作用。

1. 影响高速铁路运营安全的人员分类

(1)运输系统内人员,主要指铁路系统各个单位(部门)的各级领导人员、专职管理人员和基层作业人员,如列车调度员、动车组司机、随车机械师和车站值班员等。这些人员是保证铁路运输安全的最关键人员。

运输系统内人员的业务水平、心理素质、职业素养、团结协作精神等方面对高速铁路客运安全造成直接的影响,主要表现在设备操作熟练程度、规章执行的严格程度、各部门及岗位的协调性、遇突发事件的应急反应等方面。

(2)运输系统外人员,主要指旅客、货主、铁路沿线居民、机动车驾驶员等。运输系统外人员对高速铁路客运安全的影响主要表现在两个方面:

①旅客携带违禁"危险品"上车会引发事故。

②铁路沿线人员违反铁路安全法规、偷盗通信器材、破坏线路安全屏障、拆卸铁路设备和在线路上放置障碍物等。

2. 人员因素造成事故的原因

通过对近年来各类交通运输事故的调查、统计和分析得知,80%的交通事故都与人的不安全行为有关。大量实践表明,所有事故的发生都存在共性与特性,其中最为突出的共性就是绝大部分事故的主要原因均与人有密切关系。

(1)安全意识

安全是铁路运输的永恒主题。安全就是效益,安全就是生命。如果没有安全,其他一切就无从谈起,因此铁路部门总是把安全摆在第一位。无论是铁路工作人员还是旅客,如果安全意识薄弱,就会造成安全形势不稳,引发安全事故,势必会扰乱正常的铁路运输秩序,最终导致铁路运输管理失衡,铁路运输工作处于被动状态,铁路运输效益受损,铁路建设发展也会大大受挫。因此,增强安全意识,营造良好的安全运输环境,确保铁路运输安全,是保证铁路建设发展顺利进行和铁路运输改革的重要举措。

(2)工作状态

通过分析众多铁路运输事故,铁路工作人员在工作时的注意力不集中往往

是造成事故的重要因素。造成这种状态的原因很多,如铁路工作人员的身体状况、精神状态以及抗干扰能力等。因此,铁路工作人员保持工作时良好的精神状态,是保证高速铁路客运安全的必要条件。

(3)突发事件处理

高速铁路客运是由多个单位(部门)紧密联系而连续运转的大系统。突发事件是系统连续运转过程中出现的由安全状态转化为危险状态的突然变化现象。虽然突发事件是小概率事件,但是一旦发生就会造成高速铁路客运系统的不稳定,此时就要考验铁路工作人员面对突发事件的处理能力。因此,铁路工作人员必须做好铁路客运安全工作,控制好人员因素影响的范围,将不安全因素消灭在萌芽状态,并且要制定好突发事件处理预案,一旦发生突发事件,应做到临危不乱,将突发事件的影响降到最低。

(二)设备因素

发生高速铁路客运行车一般事故的一个重要方面是铁路运输中的设备系统。高速铁路客运行车过程涉及一个大的系统,设备在使用或维护的过程中可能会出现一些无法预知的问题,即使行车设备拥有很高的可靠性,也有可能发生事故。

1. 设备系统组成

设备系统由列车运行控制系统、列车调度指挥系统、行车安全监控系统及生产组织系统组成。各系统分类如下:

(1)列车运行控制系统,包括地面系统和车载系统。

(2)列车调度指挥系统,包括分机系统和站机系统。

(3)行车安全监控系统,包括车载实时监测系统、车地数据通信系统和地面数据分析系统。

(4)生产组织系统,包括运输组织指挥系统、运力保障系统、设备维护系统和行车辅助系统。

2. 设备系统的主要问题

设备系统的主要问题包括如下:

(1)动车组兼容协调尚需完善。在实际运行过程中,动车组的车载控制系统与信号设备间存在兼容协调的问题,容易出现机械故障,主要是走行部、车门、空调和连接装置等。

(2)高速铁路线路基础存在安全隐患。大部分高速铁路采用高架形式,有些线路由于地下水过度开采,地面沉降比较严重,导致高速铁路线路线位不稳定,特别是高架线路与地面线路的衔接部分,容易产生漏坑等线路病害。

因此,单一研究设备可靠性是不全面的,还需要从提高与改善设备系统的可靠性入手,从而减少或避免高速铁路客运安全事故的发生。

(三)外部环境因素

1. 自然环境

我国是世界上自然灾害严重的国家之一。恶劣的天气条件、地震、泥石流等自然灾害都有可能对运营中的线路造成破坏,带来安全隐患,从而使运行中的高速铁路列车发生脱轨、颠覆、冲突等重大事故,如"7·23"甬温线特别重大铁路交通事故(图1-1)的一个主要诱因就是雷击导致设备故障。

2. 社会环境

列车安全平稳运行需要一个良好的社会环境。在全球化背景下,社会竞争日益激烈,人们生存与生活的压力增大,有些人不免产生悲观厌世的情绪,更有甚者,失望之余产生了报复社会的心理,在列车上制造灾难事故。

3. 管理制度

人员、设备、环境是造成突发事件的直接原因,而管理缺陷是事故发生的间接原因。只要管理上存在缺陷、混乱或失误,就可能导致人的不安全行为、物的不安全状态和环境的不安全因素,进而引发事故。由此可见,管理缺陷是诱发安全事故的一个重要原因。

三、高速铁路客运安全管理的基本措施

为了科学、有效地保障高速铁路客运过程中旅客的生命和财产安全,减轻突发事件造成的危害与损失,必须采取切实可行的安全措施。具体来说,必须从人身安全管理、设备安全管理和完善安全管理制度三个方面提高高速铁路客运系统应对突发事件的工作效能。

(一)人身安全管理

1. 增强职工安全意识

经常性地通过一些典型的违章案例,教育全体职工认清安全生产工作的重要意义,组织和引导职工反复学习,并牢固掌握相关安全知识和安全规程,使全体职工特别是广大青年工作者进一步明白什么是安全操作,增强安全意识,牢固树立安全第一的思想,从而防范事故发生。

(1)定期组织铁路职工学习安全技术知识和操作规程,了解从事高速铁路运输工作的安全风险现状。

(2)从发生的事故中,汲取经验和教训,提高工作时的安全自保能力和安全防范能力。

(3)严格遵守各项规章制度,禁止违章作业。

2. 保持良好的工作状态

(1)上岗前必须充分休息,严禁班前、班中饮酒,保证工作时精力充沛,精神集中。

(2)加强身体锻炼,提升个人素养和心理素质,保持心胸豁达,促进身心健康。

(3)在工作中做好自控和互控,认真执行安全检查确认制度和互换应答制度;作业期间,不准嬉笑打闹、接打手机,杜绝做与本岗位工作无关的事情。

3. 提高对突发情况的处理能力

(1) 平时,注意加强学习和积累经验,提高应对复杂情况的能力。

(2) 制定各种相应的应急预案,防患于未然。

(3) 面临突发情况时,能够保持头脑冷静,及时向上级领导汇报,不要盲目草率处理,避免扩大不安全因素。

(二) 设备安全管理

1. 加强设备维护工作

对高速铁路运行的各种设备,力求做到定期检修和日常维修工作相结合,及时发现和处理设备故障隐患,保证设备始终处于良好的运行状态。

2. 做好设备的安全保障工作

加大关键设备的安全冗余量,使行车关键设备一旦出现较大故障,安全设施能够及时启动并工作,减小或消除由此带来的损失。

3. 加强设备管理工作

实施设备质量管理和寿命管理,杜绝老化设备、故障设备运行。

(三) 完善安全管理制度

1. 建立监测预警系统

突发事故的发生是一个由量变到质变转化、危险因素引燃与迅速爆发的过程。对于突发事故,在其从孕育到发生的各个阶段,都可以采取相应措施进行风险规避、控制、转移及更大范围的分散承担。

2. 培养公众应急意识

快速客运网络的建立将使公众乘坐火车的次数大大增加。公众自身的应急意识、应急处理能力是决定整个应急管理效能的重要因素。为了防患于未然,应充分发挥公众在应急管理中的积极作用,加强对公众应急意识的培养和教育,应该将其纳入国情教育。

3. 完善救援保障体系

现代化的救援保障体系需要强有力的救援队伍。2010年K165次列车紧急转移旅客成功事件(图1-3),让我们深刻地认识到,司乘人员是最重要的救援人员。平时做好对司乘人员的培训工作,完善应急救援方案,在危难时刻他们的重要作用尤为突显。

图1-3 2010年K165次列车紧急转移旅客成功事件现场

 思考题

1. 高速铁路客运安全管理涉及哪些方面的工作?
2. 高速铁路客运安全管理的影响因素有哪些?
3. 高速铁路客运安全管理的基本措施有哪些?

任务二　高速铁路客运安全保障体系

项目一—任务二简介

一、高速铁路客运安全法律法规

为保证铁路运输安全,我国有完整健全的铁路法规体系。铁路法规体系是由国家管理铁路的有关法律、行政法规和规章组成的统一整体,是保证铁路部门依法治路的重要前提和安全保障。

(一)《中华人民共和国安全生产法》

《中华人民共和国安全生产法》(以下简称《安全生产法》)是为了加强安全生产工作,防止和减少生产安全事故,保障人民群众生命和财产安全,促进经济社会持续健康发展而制定的。

《安全生产法》主要规定了生产经营单位的安全生产保障、从业人员的安全生产权利和义务、安全生产的监督管理、生产安全事故的应急救援与调查处理以及法律责任等内容。

(二)《中华人民共和国铁路法》

《中华人民共和国铁路法》(以下简称《铁路法》)是为了保障铁路运输和铁路建设的顺利进行,适应社会主义现代化建设和人民生活的需要而制定的。

《铁路法》主要规定了铁路运输营业、铁路建设、铁路安全与保护以及法律责任等内容。

(三)《铁路运输安全保护条例》

《铁路运输安全保护条例》是为了加强铁路运输安全管理,保障铁路运输安全和畅通,保护人身和财产安全及其他合法权益,根据《安全生产法》和《铁路法》而制定的。

《铁路运输安全保护条例》主要规定了铁路线路安全、铁路营运安全、社会公众的义务、监督检查以及法律责任等内容。

(四)《铁路交通事故应急救援和调查处理条例》

《铁路交通事故应急救援和调查处理条例》是为了加强铁路交通事故的应急救援工作,规范铁路交通事故调查处理,减少人员伤亡和财产损失,保障铁路运输安全和畅通,根据《铁路法》和其他有关法律的规定而制定的。

《铁路交通事故应急救援和调查处理条例》主要规定了事故等级、事故报告、事故应急救援、事故调查处理、事故赔偿以及法律责任等内容。

(五)《铁路技术管理规程》

《铁路技术管理规程》(以下简称《技规》)是我国铁路技术管理的基本规章。《技规》的编制对铁路的基本建设、运输生产和安全管理都起着重要的作用。

《技规》是铁路各单位(部门)制定各种规程、规范、规则、细则、标准和办法的基本依据。《技规》主要包括技术设备、行车组织、信号显示、对工作人员的要求等4个方面的内容。

(六)《铁路旅客运输规程》

《铁路旅客运输规程》(以下简称《客规》)是为了维护铁路旅客运输的正常秩序,保护铁路旅客运输合同各方当事人的合法权益,依据《铁路法》而制定的。

《客规》主要规定了旅客运输总则、旅客运输、行李包裹运输、特殊情况的处理等内容。

(七)《铁路交通事故调查处理规则》

《铁路交通事故调查处理规则》(以下简称《事规》)是为了及时、准确地调查处理铁路交通事故,严肃追究事故责任,防止和减少铁路交通事故的发生,根据《铁路交通事故应急救援和调查处理条例》等规章而制定的。

《事规》主要规定了铁路交通事故的事故等级、事故报告、事故调查、事故责任判定和损失认定、事故统计分析以及罚则等内容。

(八)《铁路交通事故应急救援规则》

《铁路交通事故应急救援规则》(以下简称《救规》)是为了规范和加强铁路交通事故的应急救援工作,最大限度地减少人员伤亡和财产损失,尽快恢复铁路运输秩序,依据《铁路交通事故应急救援和调查处理条例》及国家有关规定而制定的。

《救规》主要规定了铁路交通事故的救援报告、紧急处置、救援响应、现场救援、善后处理以及罚则等内容。

(九)《高速铁路安全防护管理办法》

《高速铁路安全防护管理办法》是为了加强高速铁路安全防护,防范铁路外部风险,保障高速铁路安全和畅通,保护人民的生命和财产安全,依据《铁路法》《安全生产法》《中华人民共和国反恐怖主义法》《中华人民共和国突发事件应对法》《中华人民共和国网络安全法》和《铁路安全管理条例》等相关法律、行政法规而制定的。

《高速铁路安全防护管理办法》主要规定了高速铁路线路安全防护、安全防护设施及管理、运营安全防护和监督管理等方面的内容。

二、高速铁路客运安全技术保障

高速铁路客运安全技术保障体系是一个保障高速铁路安全运行、预防和避免事故发生以及尽量减少事故损失的复杂的大系统。深入探索和把握高速铁路的安全规律,建立健全高速铁路客运安全技术保障体系,形成高速铁路安全的长效机制,是确保高速铁路持续安全稳定运行的关键性、基础性工作。高速铁路客运安全技术保障体系,如图1-4所示。

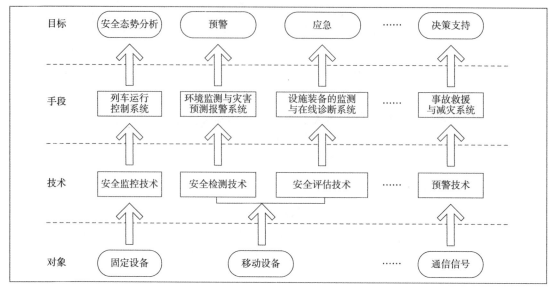

图 1-4 高速铁路客运安全技术保障体系

(一)基于预防和避免事故的高速铁路安全监控与检测技术

在高速铁路运行过程中,采用最先进的技术,对影响高速铁路安全的人员、移动设备、固定设备和环境等因素的状态以及运输对象实时监控与检测,及时发现问题并解决问题,达到预防事故和消除事故隐患的目的。

高速铁路运营系统是一个复杂的动态系统,其组成要素处于动态变化的过程中,为了做好安全管理和事故预防工作,应加强对影响安全的各种因素进行实时监控和检测。高速铁路安全监控和检测的内容涉及高速铁路运营所有相关方面,可以分为高速铁路设施设备(固定设备和移动设备)、环境(自然环境和社会治安环境)、人员等。高速铁路安全的监控与检测,应依靠先进、可靠的检查监测工具和手段,采取人机结合、动态检测和静态监控结合的方式,实现对主要行车设备、主要行车岗位、安全关键部位进行全方位、全过程的监控与检测、信息反馈、考核评估,加快形成监控有力、反应灵敏、闭环管理的监控与检测保障技术体系。

1. 对高速铁路设备运行状态的监控与检测技术

高速铁路设备包括固定设备和移动设备。对固定设备和移动设备进行监控和检测,其目的是随时掌握设备的运行状态,及时发现运行中可能出现的影响运营安全的因素和隐患。

(1)列车运行控制技术

高速铁路的核心是高速度。实现高速度的核心技术之一就是列车运行控制技术。列车运行控制技术主要以通信和信号为支撑,以控制技术为手段,对列车运行方向、运行间隔和运行速度进行控制,确保列车能够安全运行且提高运行效率。列车运行控制系统地面设备和车站联锁设备主要实现联锁控制功能,并生成列车控制所需的基础数据,通过车-地信息传输通道,将地面控制信息传送给列车,经列车运行控制车载设备进行处理后,生成列车速度控制曲线,有效监督和控制列车安全、高速运行。

列车运行控制系统主要由地面系统和车载系统组成,如图1-5所示。地面系统主要检查列车在区间的位置,形成速度信号,向列车传送允许速度、线路参数等信息。车载系统主要由天线、信号接收单元、制动控制单元、司机控制台显示器、速度传感器等组成。车载系统可根据接收到的地面信息、列车特性,计算列车制动模式曲线,控制列车运行状态。

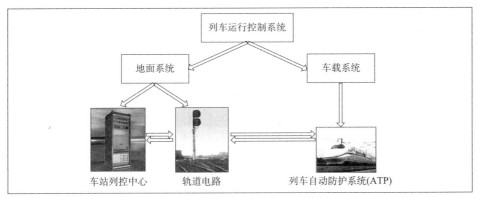

图1-5 列车运行控制系统

(2)列车状态监测与诊断技术

列车状态监测与诊断技术主要应用于对列车各部分状态进行监测并进行故障诊断。监测的主要设备有轴温、车门、轮对、牵引电机等。利用该技术可以及时通报司机采取必要的防范措施,并可以利用无线通信系统通知前方的维修部门,做好检修更换的准备工作。

高速列车实现全列车自动诊断,动车和拖车都装有数据采集和诊断计算机,对牵引动力、制动系统、走行部、轴温、列车火灾以及车门、空调、照明系统等进行监测。一旦出现危及行车安全的隐患和故障时,会发出报警信息;问题严重时,还会自动控制列车减速甚至停车。例如,德国的城际特快列车(ICE)诊断系统,不仅可以检测机车车辆、电气及机械方面的故障,而且可以实现列车故障诊断单元在发车前对每个系统进行可靠性和功能测试,有效缩短整备时间。

(3)机车车辆诊断和实时检测技术

高速运行的机车车辆的状态直接关系到行车安全。机车车辆的故障诊断和实时检测技术能够及时探测高速运行时的车辆转向架的疲劳破坏状况、接触部件运动破坏状况、车体结构、振动噪声、轴温状态、弓网接触压力、接触面几何状态、温度、滑动速度、磨损以及受电弓的结构状态、轮轨噪声、轨道变形、振动加速度等状态值。另外,将列车分离状况、车内温度、烟雾探测等情况通报给司机,使其采取必要的防范措施,并通知前方的维修部门做好检修、更换的准备。

(4)桥梁、隧道、重要立交道口的监测技术

高速铁路大量采用了桥梁、隧道、立体交叉等建筑结构,这些建筑结构的状态对列车安全运行起着重要的作用,所以必须对这些建筑结构及设施、设备进行监测。一般采用传感器和信号处理技术,对桥梁、隧道和线路的一系列参数进行测量和分析,以提供报警信号,通过信息通道及时传到综合调度中心,防止突发事件引起重大行车事故。

(5)车站、站场状态的监测技术

车站及站场是列车与旅客相对密集的场所,为保障安全运营,应通过相应的车站、站场状态的监测系统实时监测站场状态,及时发现潜在的事故隐患,避免事故的发生。另外,在车站站台也要设置相应的监测系统,保证列车进站时或经过车站时站台上旅客、工作人员及物品的安全。

(6)轨温监测技术

在现场设置钢轨及大气温度传感器,通过轨温监测报警系统,实时掌握钢轨温度,确定轨温控制标准,科学地进行轨温预报,是保障高速铁路安全运营的关键技术之一。轨温监测报警系统由设置在现场的钢轨温度传感器、大气温度传感器和设置在养路工区(工务段)的信息处理器、显示器、道床状态信息输入设备(报警器、记录仪等)组成。同时,在线路选定地点附近设气象信息采集点,以便对比决策。

(7)牵引供电设备的安全监测技术

应用牵引供电设备的安全监测技术有利于减少供电系统事故隐患,降低事故概率,缩短故障查找和检修时间,确保供电系统可靠运行。

综上所述,对高速铁路设备运行状态的监控与检测实现在线监测的关键技术,主要包括个性化信号采集处理模块(传感器、信号采集及处理系统、嵌入式微机处理系统、远程通信)、后台智能专家系统和远程诊断及设备状态监测(调度中心)。

2. 对环境的监控与检测技术

高速铁路运营系统处于开放的环境状态,环境中的各个因素都会影响到高速铁路运营状态的安全性。环境因素包括自然环境和社会治安环境两种。加强对环境状态的监控和检测,随时了解环境的变化,对安全预防和避免事故具有重要的意义。

(1)自然环境的监控与检测技术

自然环境监测与灾害预测报警技术是高速铁路运营安全保障技术体系中不可缺少的重要技术手段之一。它主要是对自然灾害及沿线环境进行监测,在需要监测的地区设置相应的监测设备和预警系统,并将监测信息传送给有关场所。监测信息主要有降雨量、风速、风向、地震、洪水、落石、降雪量、泥石流等。防灾用的监测设备应预先设定基准值,一旦达到基准值,系统将自动报警。

①雨量及洪水监测技术。雨量及洪水监测系统由数据采集设备、监测终端

设备以及监测主机设备组成。数据采集设备主要包括雨量计、水位仪、防撞监视仪、冲刷测量仪、洪水测量仪等。数据采集设备测得的数据通过通信线路传输并显示在监测终端上。调度人员根据监测情况发出警戒命令及采取限制列车运行速度等措施。

②地震监测技术。地震监测系统主要是对地震进行监测并采取紧急措施，以减少事故损失。地震监测系统由振动加速度传感器和中心监视设备两部分组成。振动加速度传感器可检测加速度值和地震纵波（P波），具有自动报警、显示加速度波形功能，同时能够分析处理监测数据。一旦监测到危害可能性大的地震后，变电所内的断路器会自动断开，停止送电，使列车紧急停车。

③强风监测技术。强风监测技术是在铁路沿线设立监测点，安装风速、风向传感器和采集单元，实时采集风速、风向数据，一旦数据超过报警值便会发出报警信息；列车司乘人员确认报警信息和现场情况后，及时采取应对措施，如减速、停车或躲避等。

④落石监测技术。在易发生危害性落石滑坡的地方安装落石监测仪，当落石砸到检测网上时，监测线路被切断，使现场的红色信号灯闪亮，安装在车站上的报警装置发出报警信号，从而阻止列车驶入相应地区。

⑤泥石流监测技术。在泥石流易发生区及其周围设置雨量计、风速计，在有滑坡的地方增设滑坡计等。同时，设置测量通过颗粒的组合成分等仪器，根据不同地区的情况确定适当的标准值，当数据超过标准值时就会报警或预报险情。

（2）社会治安环境的监控与监测技术

加强防护网、立交道口、沿线绿化等工程建设，健全护路联防联控机制，强化治安综合治理，完善区段巡查看护制度，采取物防、技防、人防相结合的综合防护措施，着力构建全天候、立体化的治安防范保障体系。

①安全防护工程技术。为杜绝机动车辆等侵入运营线路，高速铁路基本上采取的是"全封闭、全立交"安全防护方式。安全防护工程技术包括安装高标准的栅栏、做好线路绿化、完善道口防护设施、提高道口防护能力、加固上跨铁路立交桥防护设施、实现站区全封闭管理等。健全护路防控责任制。以铁路公安机关为主，工务、车务等单位互相配合，建立分工明确、职责清晰的护路联防责任体系。铁路公安机关重点抓好线路治安巡查、路外宣传等工作，切实发挥沿线治安防范的主体责任；工务部门重点抓好栅栏、绿化等安全防护工程建设和日常管理；车务部门重点加强站区管理。进一步明确铁路公安民警、工务巡线人员、护路联防人员的巡护范围、工作标准和职责要求，健全联防联控制度，加强日常管理和考核，确保各项巡查措施落到实处。进一步完善线路巡查制度，形成制度化、规范化的护路管理机制。

②铁路入侵检测技术。铁路入侵检测技术是指在铁路视频监控环境下，使计算机在不需要人员参与的情况下，通过对视频序列的处理，实现对入侵行为

的自动检测和分析,并对危害行为做出报警。铁路入侵检测的核心技术包括实现铁路入侵物体的定位与跟踪、对入侵行为进行识别和分析、生成报警信息等内容。

3. 对人员的监控与检测技术

人员是指对高速铁路运营安全产生直接影响的人员,包括提供服务人员、被服务人员及其他人员。一些人员的行为与交通密切相关时,应加强对其行为的监控与检测,这是保证高速铁路运营安全的一项重要内容。

(1)对提供服务人员的行为的监控与检测,主要通过交通行业相关的作业标准、规范等约束,并采用一定的设备监控服务人员的工作状态。

(2)对被服务人员的监控与检测,主要是在客运站和高速列车运行途中,需要一定的监控和检测设备(主要采用红外线、超声波检测,电视监控等设备)完成监控与检测任务。例如,对旅客、行李、货物等进行检查的安全检查系统,其主要功能是防止将易燃易爆危险品等带到车站或带上高速列车内,防止无关人员进入站内和登上高速列车。再如,对车站隔离区、车站出入口的管理和安全监控,对重要设施和区域进行监控和检查的安全保卫系统,其主要功能是防止旅客或非旅客炸毁列车,防止无关人员进入隔离区、登上列车、进入轨道,保障车站设施安全,维护候车室正常秩序。

(二)基于维护、维修的移动设备和固定设备的安全检测技术

高速列车的发车频次的提升加剧了轨道等设施装备的损耗,使得养护维修工作量增加,但行车密度的增加又使得养护维修作业时间越来越少,如何提高养护维修的针对性和作业效率是维修技术要解决的关键问题。基于维护、维修的移动设备和固定设备的安全检测技术,应以确保高速铁路的线桥隧涵、牵引供电、通信信号等固定设备质量为重点,更新维修理念,采取先进的维修手段,创新维修方式,加强设备精修、细修,全面提升设备质量,确保动态达标。

设施装备维修技术的主要功能:对线路状况进行监测及管理,管理线路的日常维护及保养,安排施工,工务设施检修、故障履历管理,维护计划管理,通过集中对全线的信号及相关控制设备的状态监测,合理安排维修,保证系统正常运转;一旦出现故障,及时采取有效措施,使危害降至最低,并制订维修计划和安排综合维修天窗的主要依据,即在发生事故灾害时,提供紧急救援方案;负责线路维修计划、慢行区段指定以及受灾情况修复作业安排;在轨检车定期检测数据的基础上,对测试数据及线路巡视人员的检查报告等进行管理。

基于维护、维修的移动设备和固定设备的安全检测技术,应注意以下几点。

1. 树立全新的维修理念

工务部门应树立零误差的维修理念,严格执行线路维修标准,提高线路质量;电务部门应树立零故障的维修理念,通过精修检修,提高设备安全可靠性;供电部门应树立零缺陷的维修理念,加强对牵引供电设备的日常检查和维修,消除设备主要故障。

2. 优化检修资源配置

增加并统筹大型养路机械资源，做到科学布局、集中管理、统一调度使用，最大限度地发挥大机效能；动态优化维修机具配置，做到大型机群和小型机群成龙配套，维修能力与作业量相互匹配。

3. 推行新的维修方式

工务部门应大力推进"检、修、养"分开，加快构建以专业修、集中修、机械修为主，以临时补修为辅的维修模式；电务部门应大力推行"值、班、修"分离的维修模式，全面实行状态修、集中修和专业修，大力提升设备维修标准化和规范化水平；供电部门应进一步完善管理体制，加大监管力度，加强质量监督考核，确保接触网设备动态达标。

4. 强化关键部位质量控制

组建线路、道岔、曲线、钢轨打磨等专业维修队伍，充实管理人员和专业技术力量，提高关键部位的维修质量；加大设备投入，配备专用维修设备，特别是各类检测、监控、维修设备，满足设备日常检测维修的需要；加大技术攻关力度，研制轻量化、高精度、适合现场作业需要的小型工装机具，提高日常维修作业的效率和质量。

（三）高速铁路运营安全管理技术

高速铁路运营安全管理技术主要包括规章制度和标准管理、高速铁路安全教育管理和高速铁路安全监督检查3部分。

高速铁路安全监督检查保障体系应严格遵循我国现行的安全管理体制——"企业负责、行业管理、国家监察、群众监督"来建立。强化铁路部门安全监察行业监管机构的职能，强化铁路局集团公司和国铁集团安全监督管理局两级安全监督检查力量的整体功能，加强站段的安全监督检查力量，强化安全生产的外部监督、安全监督更贴近运输现场。各级安全监察部门应加强对问题整改情况的检查，及时处理各类安全隐患和问题。

（四）应急救援和调查技术

虽然采用了上述几种技术来保障高速铁路的运营安全，但仍然存在事故发生的可能性。一旦发生事故，这就需要及时采取紧急救援技术和措施，最大限度地降低事故的损失。

1. 高速铁路交通事故应急救援技术

高速铁路交通事故应急救援技术的作用，是科学规范灾害事故发生时的救援抢修与突发事件出现时的应急处置方法和程序。在高速铁路运营系统遭遇自然灾害或突发事件时，通过应急救援技术及系统向上级报告、向下级发出救援命令，指挥组织救援并协调地方救援力量，防止人员伤亡和财产损失的扩大，减少对运输秩序的影响，尽快恢复正常的运营秩序。

2. 高速铁路交通事故调查和处理技术

高速铁路交通事故的调查和处理技术，即在发生交通事故后须依据《安全生产法》《铁路法》《事规》《铁路交通事故应急救援和调查处理条例》等相关法律法规处理。其目的是通过对事故应急处理的调查研究,科学分析导致事故的因素,严肃追究事故责任,总结事故发生的规律和教训,提出有针对性的措施,防止类似事故的再发生。

3. 高速铁路交通事故预防技术

通过建立高速铁路交通事故预防的网络体系,实现对列车、乘务人员、线路和车站的实时监控;对事故易发地段进行重点预防、专业预防,并将采集的灾害信息传递给高速列车调度和控制中心。

三、高速铁路客运设备保障

(一)高速综合检测列车

高速铁路普遍采用综合检测列车进行固定设备的安全检测,这样就能够进行空间同步、时空校准、数据网络与集中监控、数据综合处理以及视频检测等。

新一代高速综合检测列车集成了轨道检测、弓网检测、动力学检测、通信检测、信号检测和综合检测等六大系统,如图1-6所示。高速综合检测列车能够完全满足350km/h等级高速综合检测。

图1-6　高速综合检测列车

(二)牵引供电检测监测系统

牵引供电检测监测包括以下几方面:

(1)接触网安全巡检(CCVM)通过便携式视频采集设备,完成指定区段接触网状态检测,并分析接触悬挂部件技术状态。

(2)接触网运行状态检测(CCLM)。

(3)接触网悬挂状态检测(CCHM)。

(4)受电弓滑板监测(CPVM)。

(5)接触网及供电设备地面监测(CCGM)系统对电气化铁路现场设备进行监视和控制,实现设备状态的信息采集、故障分析、设备控制以及故障报警等功能。

(三)信号设备监测系统

信号设备监测系统对道岔转辙机、信号机、轨道电路、信号电缆、电源屏等信号设备进行实时监测。

(四)线路基础设施监测系统

线路基础设施监测包括以下几个方面:

(1)轨道结构状态监测。

(2)路基沉降变形监测。

(3)复杂结构桥梁健康监测。

（4）特长隧道安全监测。

（5）大型客运站结构健康监测。

思考题

1. 高速铁路客运安全法律法规有哪些？
2. 高速铁路客运安全有哪些技术保障？
3. 高速铁路客运安全有哪些设备保障？

相关规章

《高速铁路安全防护管理办法》（节选）

（中华人民共和国交通运输部令2020年第8号）

第四章 运营安全防护

第三十四条 除生产作业或者监督检查工作需要外，任何人一律不得进入动车组司机室。

进入动车组司机室，应当严格遵守国家安全管理规定和铁路运输企业安全生产制度。

第三十五条 旅客购买高速铁路列车车票、乘坐高速铁路列车，应当出示有效身份证件。对车票所记载身份信息与所持身份证件或者真实身份不符的持票人，铁路运输企业有权拒绝其进站乘车，并报告公安机关。

依照有关规定办理的高铁快运，铁路运输企业应当对客户身份进行查验，登记身份信息，并按规定对运送的物品进行安全检查。

铁路运输企业应当为公安机关依法履行职责提供数据支持和协助。

第三十六条 铁路禁止或者限制携带的物品种类及其数量由国家铁路局会同公安部规定。铁路运输企业应当在高速铁路车站、列车等场所对禁止或者限制携带的物品种类及其数量进行公布，并通过广播、视频等形式进行宣传。

第三十七条 铁路运输企业应当依照法律、行政法规和有关规定，承担安全检查的主体责任，设立相应的安检机构和安检场地，配备与运量相适应的安全检查人员和设备设施，对进入高速铁路车站的人员、物品进行安全检查。

从事安全检查的工作人员应当经过识别和处置危险物品等相关专业知识培训并考试合格。安全检查工作人员应当佩戴安全检查标志，依法履行安全检查职责，并有权拒绝不接受安全检查的旅客进站乘车或者经高速铁路运输物品。

第三十八条 禁止任何单位和个人扰乱高速铁路建设和运输秩序，损坏或者非法占用高速铁路设施设备、相关标志和高速铁路用地。

铁路运输企业应当按规定配备安保人员和相应设备、设施，加强安全检查和保卫工作。有关重点目标管理单位应当依照《中华人民共和国反恐怖主义法》等相关法律法规的规定，履行防范和应对处置恐怖活动职责，制定建立公共安全视频图像信息系统值班监看、信息保存使用、运行维护等管理制度,落实对重要岗位人员进行安全背景审查,以及对进入重点目标的人员、物品和交通工具进行安全检查等相关工作。

公安机关应当按照法定职责,维护高速铁路车站、列车等场所和高速铁路沿线的治安秩序,依法监督检查指导铁路运输企业治安保卫工作;依法查处摆放障碍、破坏设施、损坏设备、盗割电缆、擅自进入高速铁路线路等危及高速铁路运输安全和秩序的违法行为。

第三十九条 高速铁路的重要桥梁和隧道按照国家有关规定进行守护。

第四十条 县级以上各级人民政府相关部门、铁路运输企业应当依照自然灾害防治法律法规的规定,加强高速铁路沿线灾害隐患的排查、治理、通报、预防和应急处理等工作。

高速铁路勘察、设计阶段应当加强地质灾害危险性评估工作,尽量避开地质灾害隐患威胁,无法避让的,应当在设计、建设阶段及时采取治理措施排除地质灾害隐患风险,为铁路建设及运营提供安全环境。

高速铁路规划、勘察、设计、建设,应当优化地质选线,加强沿线区域地震活动性研究。位于活动断裂带的高速铁路,沿线应当装设地震预警监测系统。大型桥梁、隧道、站房等重点工程,应当强化场址地震安全性评价,满足抗震设防相关标准。

县级以上各级人民政府相关部门、铁路运输企业应当依照法律、行政法规的规定,建立地质灾害、气象灾害等预警信息互联互通机制,研判灾害对高速铁路安全的影响,及时进行预报预警。铁路运输企业应当针对不同灾害等级或者情况采取相应的防范措施。

第四十一条 铁路运输企业应当依照有关法律法规和技术标准要求,建立高速铁路网络安全保障体系,落实网络安全管理制度和技术防护措施,制定网络安全事件应急预案,采取有效措施确保网络安全稳定运行,保护旅客、托运人电子信息安全。

第四十二条 铁路运输企业应当遵守消防法律法规规章和消防技术标准,落实消防安全主体责任,制定消防安全制度、消防安全操作规程,配置符合要求的消防设施、器材,设置消防安全标志、组织防火检查,及时消除火灾隐患,制定灭火和应急疏散预案,并定期演练。

消防救援机构等相关部门依法履行消防监督管理职责。

项目二

高速铁路客运组织安全

❀ 项目介绍

本项目主要介绍高速铁路客运组织过程中的作业安全，客运工作人员及旅客人身安全，防火安全和旅客携带品的查堵及处理，以及反恐防暴处理等相关基础知识。

◎ 教学目标

1. 知识目标

掌握高速铁路旅客运输作业安全的相关规定；重点掌握保证人身安全、防火安全、动车组列车电器安全、携带品的查堵及处理以及反恐防暴处理等方面的要求。

2. 技能目标

能够正确使用高速铁路客运设备；能够保证高速铁路旅客运输作业运输过程中的安全。

3. 素质目标

培养学生具备铁路客运员、列车长、列车员以及随车机械师等高速铁路客运岗位所要求的严谨认真的工作态度。

任务一　高速铁路旅客运输作业安全

项目二—任务一简介

【案例2-1】G79次高铁停电故障延误事故

【事故概况】2017年8月12日11时47分,由北京西开往深圳北站的G79次高铁发生停电故障。故障原因:邯郸市供电公司管辖的辛肖线220kV上跨京广高铁电力线脱落,造成了京广高铁邯郸东至安阳东间设备故障。该区间上下行列车受到影响,车厢内上千人被困在近40℃高温的车内,其中几名旅客已经出现了虚脱的症状。当日14时07分恢复供电,列车恢复运营。

【事故分析】高速动车组车厢内突然停电时,列车员应及时打开应急电源并立即通知列车长和随车机械师迅速到现场处理。列车员要做好以下工作:车厢内旅客的解释和安抚工作,向旅客做好宣传和解释;加强车内巡视,减少旅客走动,稳定车内秩序,严禁擅自打开车门下车,防止发生意外。

恢复照明后,列车长、铁路公安民警、随车机械师应对列车(或停电车厢),进行巡视。巡视中须检查有无人员受伤、旅客携带品丢失和损坏;车内电器设备启动后有无异常。列车长应再次加强车内的巡视,通过广播向旅客致歉,耐心向旅客做好解释和安抚工作。

如果列车故障不能及时修复,列车长应及时通知列车所属铁路局集团公司客调及本段派班室、车队,听候命令。故障时间超过20min后,按照"高速动车组空调装置故障的应急处置预案"处置。

在高速铁路旅客运输过程中,保证旅客安全是运输生产的主要目标,是促进铁路事业蓬勃向上的重要保障,这也是当前我国铁路部门在发展过程中需要重点思考的内容。

高速铁路动车组列车客运人员(图2-1)在旅客运输作业过程中应牢固树立"以服务为宗旨、待旅客如亲人"的服务理念,遵循"安全正点、方便快捷"的原则,采用先进设备,推进科学管理,创新服务方式,实现文明服务、设备良好、环境舒适、饮食卫生。客运段要不断适应新技术或新装备运用、岗位精简、人员精干的要求,实现客运管理专业化、规范化、科学化,全面提升高速铁路动车组列车客运服务质量,努力塑造高速铁路动车组安全、快捷、便利、舒适的服务品牌。

图2-1　高速铁路动车组列车客运人员

一、高速铁路动车组乘务人员岗位职责

(一)列车长

列车长岗位职责如下:
(1)服从调度指挥,完成上级布置的各项任务。
(2)负责协调和处理列车运行过程中的相关工作,督促乘务人员按照标准作业,确保服务质量和旅客安全。
(3)组织召开乘务出、退乘会。
(4)组织进行上部设施检查,全面掌握列车上部设施情况。
(5)负责监督检查列车餐饮供应工作质量。
(6)负责列车卫生清洁的检查并验收保洁工作质量。
(7)组织作业过程中的查票、补票等作业,做好与车站的交接工作。
(8)负责做好重点旅客的服务和安排。
(9)受理旅客投诉和建议,帮助旅客解决困难。
(10)负责应急情况的处置和指挥,及时向调度和上级报告。
(11)负责客运乘务组在折返站的工作安排和人员管理。
(12)负责各类信息的反馈,并提出工作改进建议。

(二)列车员

列车员岗位职责如下:
(1)服从列车长的领导,按照作业程序做好客运服务工作。
(2)负责列车服务和安全工作,保持车容整洁。
(3)检查车内各种安全、服务设施设备和备品。
(4)负责列车广播和补票工作。
(5)负责列车卫生清洁和监督检查保洁工作质量。
(6)负责做好急救药箱的使用和管理工作。
(7)负责根据预案分工和列车长安排,做好应急情况的处置工作。
(8)及时向列车长反馈各种信息,提出工作改进建议。
(9)完成列车长交办的其他工作。

二、高速铁路动车组乘务人员作业标准

(一)列车长作业标准

1.乘务前准备工作

(1)乘务人员在接班前应充分休息,保持精力充沛,不在班前、班中、折返站饮酒。
(2)按规定穿着统一制服,佩戴职务标志,淡妆上岗,仪容整洁。
(3)按规定时间提前到派班室报到。请领并核对移动补票机(含票据)、

图2-2 站车客运信息无线交互系统手持终端

GSM-R通信设备、站车客运信息无线交互系统手持终端(以下简称手持终端)(图2-2)等设备。做到按时出乘,命令指示清楚、记录准确,乘务任务明确,设备齐全好用。

(4)检查乘务组(含餐饮服务人员、保洁人员)仪容仪表、着装、标志是否标准。核对餐饮服务人员和保洁人员出乘名单,检查餐饮服务人员和保洁人员的健康证、上岗证的携带情况。按照规定时间带领乘务组到派班室出乘点名,接受派班员传达上级命令、指示,提问乘务组业务知识。同时,根据上级要求结合班组实际情况,布置本趟乘务重点工作,做到命令传达准确、任务布置清楚、证件齐全有效、仪容仪表整洁、业务知识熟练掌握。

(5)打开GSM-R通信设备和手持终端等设备,与客运乘务人员、餐饮服务人员、保洁人员校对时间,与乘务人员调试对讲机,确保各类设备电量充足、作用良好、计时准确。手持终端应在始发前登录。

(6)按规定时间、线路提前组织乘务组人员列队上站台接车,带齐规定备品、资料,做到按时接车、精神饱满、步伐一致、列队整齐,箱(包)在同一侧。

(7)列车进站停稳后,与司机、随车机械师和铁路公安民警调试对讲机(频道1∶467.200);同时与司机校对时间,与随车机械师确认车次等信息。接车后,餐车上货门仅供餐车售货人员补充商品、餐料时使用,不准旅客乘降。

(8)全面巡视车厢,检查验收列车出库卫生保洁质量,检查列车上部设施情况,确认保洁备品、易耗品配置、布制品清洁平整、列车杂志摆放等情况,填写验收记录,办理交接;督促保洁人员补做车内卫生;检查商务座和一等座车厢服务备品与免费赠品的配送、领取、摆放等情况,做好服务准备工作;做到检查认真细致,记录翔实准确,物品定位摆放,质量及数量符合要求,出库卫生无死角。

(9)检查列车视频系统开启情况(遇值乘五型车时,主动联系随车机械师并开启视频系统),确保语音、视频系统性能良好,使用正常,音量适宜,不干扰旅客正常休息。

(10)掌握列车上水情况,做好与车站的交接。使用饮水机的车型桶装水足量配备,保证使用。

(11)检查餐车卫生许可证和上料单,抽查食品、商品合格,供应品种多样,有高、中、低不同价位的旅行饮食品,有清真餐和素食供应。商品、售货车等不堵通道,不占用旅客使用空间。餐车分类标志清晰,商品、餐(饮)品和备品等分类定位放置。做到证照齐全有效,商品明码标价,一货一签,价签有"CRH"或"CR"标志,标志齐全无破损,分类管理。

(12)检查急救药箱和应急备品箱。药箱内有常用非处方药品、器械,药品、器械有效,用药时有登记。应急备品箱内有照明灯、扩音器、口笛等应急物品,确保电量充足,性能良好。

(13)督促各岗位列车员对车厢灭火器、紧急制动阀(手柄或按钮)、烟雾报警器、应急照明灯、防火隔断门(图2-3)、紧急门锁、紧急破窗锤、气密窗、厕所紧急呼叫按钮及车门防护网(带)(图2-4)、应急梯、紧急用渡板、应急灯(手电筒)、扩音器等安全设施设备的复检,做到配置齐全,作用良好,定位放置。

图2-3　防火隔断门

图2-4　防护网(带)

2. 开车前作业

(1)放行前,列车长应指挥各岗位人员提前到岗,立岗迎宾(图2-5),做到上岗及时,立岗姿势规范端正,面带微笑,举止大方,用语得体。

(2)在规定立岗位置与车站客运值班员(客运员)办理站车交接,掌握客流情况。具体交接位置:短编列车在第4、第5节车厢之间;长编列车在第8、第9节车厢之间;重

图2-5　开车前作业——立岗迎宾

联动车组列车在运行前组第7、第8节车厢之间。动车组重联运行时,前、后编组(简称前、后组)列车长要加强沟通,做到交接清楚,掌握重点,信息畅通。

(3)引导重点旅客上车。做到重点关注,优先照顾,引导准确,安排妥当。对车站交接的特殊重点旅客妥善安排;对列车发现的特殊重点旅客,做好记录并根据旅客的需求,提供相应的服务,同时联系旅客到站、做好站车交接等工作。

(4)对高铁快件集装件认真交接,要求按装载方案指定位置码放。单节车厢装载的集装件总重量不超过列车允许载重量(二等座车厢标记定员乘以80kg)。

(5)开车前,列车长(重联时为运行方向前组列车长)接到车站与客运有关的作业完毕通知后,按规定通知司机或随车机械师关闭车门,做到关门信息确认准确,用语规范,按时开车。

(6)车门关闭后,在车门处面向站台方向行注目礼,直至开出站台为止。

3. 开车后作业

(1)列车长应督促乘务人员按时广播欢迎词及相关内容。

(2)巡视车厢,检查各工种客运乘务人员作业程序和标准落实情况,做到行李架、大件行李存放处物品摆放平稳、牢固、整齐,通道保持畅通。大件行李放在大件行李存放处,不占用席(铺)位,不堵塞通道。锐器、易碎品、杆状物品及重物等放在座(铺)位下面或大件行李存放处。衣帽钩限挂衣帽、服饰等轻质物品。使用小桌板不超过承重范围。

(3)组织乘务人员使用手持终端做好旅客去向登记和实名制车票抽验工作,及时办理旅客补票业务。

(4)检查餐饮供应和商品销售工作。在餐车、车厢明显位置、售货车内有商品价目表和菜单,提供发票。商品柜、冰箱、吧台、橱柜不随意放置私人物品;做到价目清晰,定制管理,备有清真餐、素餐。

(5)检查餐车人员按标准使用电气设备。餐车加热、供应餐食时,餐车服务人员戴口罩、手套;女性穿围裙。

(6)检查随车保洁质量。列车长应督促随车保洁人员对车内各处所的卫生及时恢复,做到检查仔细,质量达标。

(7)列车长应督促各车厢乘务员做好重点(特殊重点)旅客服务及商务座、一等座车专项服务。

4. 运行途中作业

(1)根据手持终端显示的售票信息,组织乘务员核对车厢空余座位;要求做到态度和蔼,核对仔细,减少对旅客的干扰。

(2)组织铁路公安民警、乘务员按照规定区段进行查票,配合铁路公安民警核对实名制车票和检查危险品(列车无铁路公安民警的由列车长担任)。发现不符合乘车条件或无票的旅客,按章处理。列车长在处理违章时做到实事求是、态度和蔼。

(3)逢用餐时间,组织乘务员回收餐饮包装物;要求做到回收及时,保持车内整洁。

(4)督促各岗位乘务员根据旅客乘坐列车等级和席别提供相应服务。

(5)检查随车保洁质量。列车长应督促随车保洁人员对车内各处所的地面清扫及时,车内垃圾收取及时,台面、桌面、面镜擦抹及时,易耗备品补充及时,厕所、洗脸间等重点部位保洁及时;认真填写随车保洁考核表,做到检查仔细、质量达标、卫生整洁、备品补充及时。

(6)检查餐饮供应和商品销售工作。售货车配热水瓶,餐车服务人员在车内销售时为有需求的旅客提供补水服务。要求做到暖瓶放在售货车醒目位置、注意安全,防止烫伤。

(7)检查餐车途中卫生,做到餐车橱、柜、箱干净无异味,商品和餐、饮品及备品等分类定位放置。

（8）巡视车厢，掌握车内动态，及时解决旅客困难。适时调节车内温度，温度控制为冬季18～20℃，夏季26～28℃。要求做到耐心解答旅客问询，妥善处理相关事宜。

（9）运行中，做好安全宣传和防范，车内秩序、环境良好，无闲杂人员随车叫卖、拣拾、讨要。若发现可能损坏车辆设施设备和影响安全、文明的行为，应及时制止。

（10）全列各处所禁止吸烟，加强禁烟宣传，发现吸烟行为及时劝阻，并由公安机关依法查处。动车组司机室与旅客乘坐席间的门须锁闭。

（11）掌握重点旅客动态，对需要帮助的无座重点旅客，利用多功能室或铁路公安民警席位，提供重点照顾，解决旅客困难，并督促各车厢乘务员做好重点（特殊重点）旅客服务及商务座、一等座车专项服务。

（12）在运行途中加强对高铁快件的管理，发现短少、破损的或遇列车故障途中需更换车底等突发事件时，及时汇报，按章办理。

（13）对持挂失补车票的旅客，核对站车信息无线交互系统；核实后开具客运记录，到站办理交接。

（14）列车晚点超过15min和遇有临时停车时，通过广播向旅客致歉并说明原因，加强车内巡视，做好宣传解释。

（15）发现上部设施故障及时通知机械师处理，如不能及时修复的，随车机械师与列车长共同确认，在"动车组上部设施记录单"中记录；必要时悬挂设施设备故障提示标志牌，做到迅速报修，通告及时。

（16）运行中发生非正常突发情况时，立即将情况通报司机、随车机械师、铁路公安民警、列车员和餐饮、保洁人员，按应急预案岗位职责和分工全力处置。

（17）在垃圾投放站前，督促工作员及时更换车内垃圾袋；在指定投放站、指定位置投放垃圾，做到扎口投放。

（18）途中停站前，督促乘务员广播通报站名、到开时刻和安全提示，要求做到播报及时、内容准确、音量适中。

5. 中途停站作业

（1）列车进站前，在车门处向站台方向位置立岗。要求做到上岗及时、立岗姿势规范端正，面带微笑，举止大方，用语得体。

（2）列车停站时，在规定位置与车站客运值班员（客运员）办理站车交接，办理交接时行举手礼。开车铃响，按上述有关要求通知司机或随车机械师关闭车门。

（3）CRH5型动车组列车停靠低站台时，到站前乘务人员提前锁闭辅助板指示锁并打开翻板（图2-6）；开车后及时将翻板

图2-6 CRH5型车翻板开启

及辅助板指示锁复位。

(4)车门关闭后,在车门处面向站台方向行注目礼,直至列车起动离开站台。

6. 中途开车后作业

(1)按始发开车后作业标准,组织做好车内各项服务工作。

(2)补妆及时,不浓妆艳抹。补妆要求在洗手间或乘务间进行。

7. 终到(折返)作业

(1)督促列车员广播通报站名,提醒旅客提前做好下车准备;要求乘务人员做到播报准确及时、内容准确无误、音量适中。

(2)列车到站后,帮助重点旅客下车。

(3)与车站客运值班员(客运员)办理业务和重点事项交接;要求乘务人员做到交接清楚,手续完备。

(4)巡视车厢,检查有无旅客遗失物品或其他特殊情况。车厢内若有旅客遗失物品则应及时移交车站处理。

(5)检查验收列车折返保洁质量,并对保洁工作进行鉴定,认真填写折返保洁验收单。要求做到验收认真细致、鉴定准确客观。

(6)确认折返站列车上水、吸污情况,与车站做好交接等工作。

(7)终到后,做好对商务座(一等座)旅客赠品使用情况的审核工作。

(8)终到交接班时,与接班列车长(地勤车长)办理交接。要求做到交接清楚,手续完备。

8. 退乘作业

(1)组织乘务组召开退乘会,点评当班列车工作,填写"返乘报告"。要求做到点评全面、记录翔实、批注及时。

(2)带领乘务组列队退乘,按规定线路行走出站。入住公寓休息时,票据、票款、票机入柜加锁。要求乘务人员精神饱满、仪容整洁、着装统一。

(3)按规定指派专人上缴客运进款。上缴款项时,要求做到有人护送、及时解缴、账款相符。

(4)列车补票、广播、通信等设备及服务备品按规定移交、保管。要求做到设备状态良好、交接清楚、手续完备。

(二)列车员作业标准

1. 乘务前准备

(1)乘务人员在接班前须充分休息,保持精力充沛;不在班前、班中、折返站饮酒。

(2)按规定时间到指定地点参加出乘点名。乘务人员必须做到按时出乘,着装统一。

(3)穿着规定制服,佩戴职务标志,淡妆上岗(女),仪容整洁,要求做到制服平整干净,职务标志规范。

(4)参加出乘会,听取列车长有关上级指示、工作要求和乘务任务的布置;了解当趟乘务工作重点,学习有关文件和重温业务知识,并接受列车长对证件和业务的检查。

(5)检查对讲机携带情况,与列车长校对时间、调试对讲机(频道2:457.950),做到通信设备性能良好,保持信息畅通。

(6)按规定列队上站台接车,带齐规定备品、资料,做到按时接车、精神饱满、箱(包)同侧、列队整齐。

(7)巡视车厢,检查列车出库保洁质量、上部设施状况和易耗品配置、布制品的清洁、列车杂志摆放等情况,督促保洁人员补做车内卫生及易耗品和杂志的摆放。检查车内的安全设备、消防器材、服务设施情况,并向列车长汇报检查情况。对列车视频、音频播放情况进行检查,对音量较大的及时通知列车长,做到检查认真,记录清楚。

(8)检查急救药箱,有常用非处方药品和器械;药品、器械有效,用药时有登记。应急备品箱内有照明灯、扩音器、口笛等应急物品,做到电量充足,性能良好且能做到定位放置。

(9)商务座车配有专职人员,除做好上述工作外,还应检查商务座(一等座)旅客赠品、服务备品等领取、摆放情况,做好服务准备工作。要求备品的摆放到位,质量及数量符合要求。

2.开车前作业

(1)在指定车厢立岗,迎接旅客上车;做到立岗姿势规范端正,面带微笑,举止大方,用语得体。

(2)商务座车厢乘务员,对持商务座、一等座车票的旅客进行做好引导;主动介绍专项服务项目,提供饮品、茶水、一次性小毛巾等服务。

(3)对重点旅客领位就座,引导旅客放好随身携带的物品。要求做到礼貌领引,妥善安排。

(4)做好广播宣传工作,广播引导旅客安全、有序乘车,做到通告及时。

(5)对高铁快件集装件按装载方案指定位置码放;码放在车厢内最后一排座椅后的空间时,不影响座椅后倾,其高度不超过座椅;需中途换向的列车,不使用最后一排座椅后的空间。集装件可码放在大件行李处,但不码放在座椅上;单节车厢装载的集装件总重量不超过列车允许载重量(二等座车厢标记定员乘以80kg)。

(6)开车铃响,确认旅客乘降、高铁快件和餐车物品装卸完毕,向列车长汇报本岗位乘降情况。车门关闭后,在车门处面向站台方向行注目礼至列车出站台,做到立岗姿势端正,举止大方,用语得体。

3.开车后作业

(1)在开车5min内广播欢迎词及相关内容(介绍宣传安全常识和车辆设备设施的使用方法,提示旅客遵守安全乘车规定;播报前,播发停站、到站信息等内容)。播报做到按时且音量适中。

(2) 服务语言使用普通话,表达准确,口齿清晰。

(3) 巡视车厢并调整旅客行李,整理衣帽钩;引导旅客将大件行李及铁器、锐器等不适宜放在行李架上的物品,摆放在指定位置并自行看管。要求做到行李物品摆放平稳牢固,通道保持畅通。

(4) 及时办理补票业务。

(5) 做好专项服务,主动为商务座旅客提供相应服务:

①提供饮品、餐食、小食品、一次性小毛巾、防寒毯、耳塞、眼罩、耳机等服务。

②饮品有茶水(全程供应)、饮料,品种不少于6种。

③逢供餐时间,及时供应免费餐食。8:00前开车的应提供一份早餐,11:30—13:00和17:30—19:00期间为旅客提供一份午、晚餐。赠餐时,根据列车配备实际,提供相应餐食。供餐时,使用专用餐盒。如旅客旅行时间跨及中餐和晚餐二次正餐时间。正餐以冷链为主,配有速溶汤,分量适中,可另行配备面点、菜品、佐餐料包等。品种不少于3种,配有清真餐,定期调整。

④选用非油炸类点心、蜜饯类、坚果类等无壳、无核、无皮、无骨的休闲小食品,品种不少于6种,独立小包装。

⑤根据旅客需要,为旅客提供报纸服务;当报纸数量不能满足旅客需求时,做好解释与安抚工作。

⑥按规定巡视车厢,及时收取旅客使用过的小毛巾等杂物,做好车厢卫生清洁工作。发现卫生间不达标时,及时通知保洁人员进行清理。通过巡视,力求做到垃圾回收及时,车厢内保持清洁,卫生间、洗脸间保持卫生、干燥。

⑦原则上每60min为旅客提供饮品添加等服务。

⑧掌握旅客到站情况,供餐时,应优先为即将到站的旅客提供餐食。

⑨做好全面服务,重点照顾;做到无需求无干扰,有需求有服务。

⑩供餐后要及时巡视车厢,尽快收取旅客餐具和餐盒,保持车厢清洁。

(6) 为"G"字头跨局动车组特等座、一等座旅客提供饮品、小食品等专项服务。

①小食品品种不少于3种,选用干果类、点心类等组合包装。

②主动联系餐车服务人员,为需要订餐的旅客,提供订餐服务。

(7) 专项服务应按先商务座、后一等座的顺序开展。

(8) 到站前5min,提醒旅客做好下车准备,并向旅客提示到站站名、室外温度和检查携带品等。同时,经征询旅客意见后,收回部分服务备品。

4. 运行途中作业

(1) 中途站开车后5min内,广播预告前方停车站信息及相关内容。

(2) 配合列车长核对车厢空余座位,定时查验车票,做好实名制车票的抽验工作。工作中要做到核对仔细,态度和蔼,减少对旅客的干扰;若发现不符乘车条件或无票乘车人员,则应及时汇报列车长按章处理。

(3)掌握重点旅客动态,落实"首问首诉"负责制。对车内重点旅客做到"三知三有"(知座席、知到站、知困难,有登记、有服务、有交接);对特殊重点旅客重点照顾,服务耐心、周到。为有需求的特殊重点旅客提供所需的担架、轮椅等辅助器具,并及时汇报列车长;做到重点旅客重点关注,优先照顾,保障重点旅客的需求。

(4)做好商务座及特等座、一等座旅客的专项服务工作。

(5)在运行途中巡视、检查高铁快件集装件码放、外包装、施封等情况。若发现高铁快件集装件短少或外包装、施封破损等情况,则应立即报告列车长。

(6)列车运行中,加强对列车设备、安全标志、电源插座、配电柜等重点部位的检查,若发现异样,应及时通知列车长。运行中做好安全宣传和防范,加强禁烟宣传;若发现旅客有吸烟行为,应及时劝阻,并由公安机关依法查处。

(7)对持挂失补的旅客,及时通知列车长;信息核实后,交列车长办理。

(8)协助随车保洁人员共同做好车厢内卫生保洁工作;检查、督促保洁人员加强易耗品的补充和卫生间、洗脸间等重点部位的保洁,及时跟踪整改情况。检查与督促工作做到认真仔细,力求质量达标。

(9)途中到站前5min,广播通报站名、到开时刻、下车车门位置,提醒旅客提前做好下车准备(单门车厢先下后上,双门车厢前下后上),提醒旅客不要在中途站下车散步,以免漏乘。

(10)巡视车厢,掌握车内动态,适时调节车内温度,保证车内温度适宜;同时,及时处理服务过程中的各类问题。巡视中做到耐心解答旅客问询,及时解决旅客困难。

(11)遇列车晚点超过15min和遇有临时停车时,须加强车厢巡视,并说明晚点原因,做好宣传解释工作。

(12)发现设备故障、安全隐患等异常情况,须及时向列车长报告。

(13)遇有非正常突发情况,按照应急预案岗位分工和列车长的安排,全力做好应急处置工作。

(14)逢垃圾投放站,须协助保洁人员投放垃圾。垃圾做到装袋扎口无渗漏,定位放置,在指定站定点投放。

5. 中途停站作业

(1)列车进出站时,在车门口立岗,面向站台致注目礼,以列车进入站台开始,开出站台为止。要求做到上岗及时,立岗姿势规范端正,面带微笑,举止用语大方得体。

(2)列车停站时,在指定车门位置立岗,迎送旅客上、下车,引导上车旅客进入车厢。要求做到面带微笑,举止用语大方得体。

(3)遇有站停时间较长的车站,乘务员在车门处立岗,并做好安全宣传工作。

(4)开车铃响,确认旅客乘降情况,并及时向列车长报告确认。

6. 中途开车后作业

(1)按始发开车后及运行中作业标准,做好车内各项服务工作。

(2)补妆及时(在洗手间或乘务间进行,不浓妆艳抹)。

7. 终到(折返)作业

(1)列车到站前 5min,广播通报站名,提醒旅客提前做好下车准备。做到按时播放,语音适宜。

(2)与保洁人员共同清理车内卫生,置物袋干净,无废弃清洁袋。列车终到站时,做到车内无垃圾、污水、粪便、异味;垃圾装袋、封口且无渗漏,到站定点投放;防寒毯、靠垫等按规定收取、换洗。

(3)列车到站后,在指定车厢车门处站台立岗,面向旅客微笑道别,协助重点旅客下车。

(4)旅客下车后,巡视车厢,检查旅客有无遗失物品,若发现问题则及时报告列车长,做到仔细检查,及时报告。

(5)折返时,督促保洁人员做好座椅转向和车厢卫生清洁工作,并整理车厢服务备品,定位摆放整齐。

(6)做好专项服务各种服务备品的整理和摆放;做好对商务座、一等座旅客赠品、餐食的领取和发放统计工作。要求做到折返准备工作迅速,备品摆放规范,赠品领取及时,发放统计准确无误。

(7)终到时,做好剩余赠品、服务备品的清点和交接工作。

8. 退乘

(1)参加退乘会,汇报当班列车乘务工作。汇报时,做到简明扼要,准确无误。

(2)到规定的地点解缴票款。折返站按规定线路入住公寓休息时,票据、票款、票机入柜加锁。

相关实训

分组,通过本项目"实训一 高速铁路客运组织安全实训任务工单"编写实训方案,落实现场处理主要环节及作业要点,分角色运用该任务相关知识进行角色扮演,模拟高速铁路旅客运输作业过程进行训练,各小组派代表进行总结汇报,小组互评、教师点评。实训中做到"教、学、做"一体化,旨在提高学生运用理论知识解决实际问题的能力。

思考题

1. 高速铁路动车组列车长的岗位职责有哪些?
2. 高速铁路动车组列车员的岗位职责有哪些?

任务二　高速铁路客运工作人员及旅客人身安全

【案例2-2】旅客横穿轨行区被进站高铁挤压

【事故概况】2017年3月26日15点43分,上海虹桥至汉口D3026/7次列车在到达南京南站进入21号站台时,一名年轻男子杨某突然从对面22号站台跳下,横越股道,抢在D3026/7次列车前,试图翻上21号站台未果,被夹在D3026/7次列车1号车厢与站台之间,列车立即停车。车站工作人员第一时间拨打电话通知120急救中心、公安和消防部门到现场开展救援,在救援的过程中,120急救中心医生宣布该男子死亡。图2-7为旅客横穿轨行区被进站高铁挤压事故现场图。

图2-7　旅客横穿轨行区被进站高铁挤压事故现场图

【事故分析】事故发生后,杨某的父母提起诉讼,要求铁路部门承担80%的赔偿责任。法院认为,本案情况属突发事件,无法预见并提前阻止。车站已充分履行了安全保障与警示的义务且事故后的处置及时、得当,遂判决驳回原告的诉讼请求。

目前运行的火车,无论是高铁、动车还是普通列车,都属于《中华人民共和国侵权责任法》(以下简称《侵权责任法》)第七十三条规定的"高速轨道运输工具",而铁路车站,无论是货运列车车站还是客运列车车站的火车运行区(站台下),都属于《侵权责任法》第七十六条规定的"高度危险活动区域"。在上述情形下,发生铁路事故造成路外人员伤亡,依照《侵权责任法》的规定,都适用无过错责任原则,以更好地保护受害人的合法权益。

不过,这两个条款都有具体的免责事由规定。《侵权责任法》第七十六条规定的是减免责任条款,包括三点:一是未经许可进入高度危险活动区域;二是擅自进入高度危险活动区域的人受到了损害;三是管理人已经采取安全措施并尽到警示义务,可以减轻责任或者不承担责任。本案例的前两个要件成立自不必论,对第三个要件,原告主张被告未尽义务,是违反常识的。铁路站方采取了安全措施,善尽警示义务,没有过错。因此,被告的行为符合上述三个要件的要求,可以减免责任。

一、客运工作人员人身安全规定

(一)车站客运工作人员劳动安全规定

车站客运工作人员劳动安全规定如下:

(1)接发列车时,站在安全线以内,不准随车行走。

(2)列车上水作业时,要整队提前立岗,站在安全地点,注意瞭望,不准侵入邻线。

(3) 使用升降机进行高处清扫、擦玻璃时,作业前要检查设备状态,系好安全带。

(4) 电梯及相关客运设备设施维修保养时,应设置防护围挡,维修工具、配件等均应放置在围挡内。

(二) 列车乘务人员劳动安全规定

列车乘务人员劳动安全规定有下述12条:

(1) 列车乘务人员出(入)库、出(退)乘要集体列队行走;途中要整队上岗、换班,严格执行自控、互控制度。

(2) 不准飞乘飞降、抢上抢下,不准从翻板上直接上、下车。

(3) 不准运行中开边门。

(4) 禁止携带危险品上车。

(5) 禁止在列车运行中开门处理故障。

(6) 禁止将锐器、铁器物品和车辆配件工具放在行李架上,配电室内严禁堆放杂物。

(7) 冬季要及时清扫通过台、车梯冰雪。

(8) 在进行客车整备洗刷作业时,必须插放防护号志;作业完毕及时撤除防护号志。

(9) 客车体在整备库内高架线路停留时,作业人员必须使用辅助车梯上、下车。

(10) 整备作业上、下车体顶部时,必须使用辅助登顶梯子,并将梯子固定放置在两节车厢连接处设有登高扶梯一侧。

(11) 列车乘务人员对列车上出售或旅客自带的硬包装食品(如白酒瓶、啤酒瓶、罐头瓶和玻璃瓶包装的饮料等),必须做好安全宣传,并采取安全措施,防止向车外抛掷伤人。

(12) 在列车运行时登高作业,应站稳抓牢。

二、旅客人身安全规定

旅客人身安全规定如下:

(1) 列车、车站发生旅客人身伤害时,站车工作人员应当到现场查看旅客伤害情况,报告列车长、站长组织救护;稳定旅客情绪,维护现场秩序。

(2) 因旅客伤害需交车站处理时,应移交前方县、市所在地车站或者当地具备公共医疗条件的停车站;需要提前报告运行所在铁路局集团公司客运调度员时,由客运调度员通知车站做好救护准备工作。

(3) 旅客不同意在前款规定的停车站下车处理时,应当由旅客出具拒绝下车治疗的书面声明,并按照《铁路旅客人身伤害及携带品损失处理暂行办法》第十一条规定收集两份及以上证人证言。

(4) 列车因旅客伤害严重需紧急停车处理或发生3人以上疑似食物中毒

的,应立即报告运行所在铁路局集团公司客运调度。接到报告后,客运调度员应当立即根据列车长提出的要求,通知有关车站及值班主任(列车调度员),需要停车处理的停车处理,并报告本铁路局集团公司客运处。

(5)列车发现旅客在区间坠车时,应当立即停车按照《铁路旅客人身伤害及携带品损失处理暂行办法》(铁运〔2012〕319号)第四条规定处理,并通知就近车站或将受伤旅客移交就近车站。如果需要防护时,按有关规定处理。

(6)不具备停车条件或者迟延发现的,列车长应当报告运行所属铁路局集团公司客运调度;客运调度员接到报告后立即通知值班主任,值班主任通知相关列车调度员和铁路公安局指挥中心,由列车调度员和铁路公安局指挥中心分别通知邻近车站及车站铁路公安派出所派人寻找。列车运行至前方停车站时,列车长应拍发电报,向发生地和列车担当铁路局集团公司主管部门报告。

(7)车站对本站发生的及列车移交的伤害旅客,应当及时联系当地医疗急救机构或送就近医院抢救。当发生医疗费用时,应根据对责任的初步判断,若属于旅客自身责任或第三人责任的,由旅客或第三人支付医疗费用。暂不能区分责任或者责任人不明、无力承担的,经处理站站长或者车务段段长批准,可用站进款垫付。动用站进款垫付时,必须填写或补填"运输进款动支凭证"(财收-29),10天内由核算站或车务段财务拨款归还。

(8)受伤旅客经现场抢救无效死亡,或对站内、区间发现的旅客尸体,经医疗部门或公安机关确认死亡,公安机关现场勘查结束后,车站应当转送殡仪馆存放(在此之前,车站应将尸体转移至适当地点并派人看守),并尽快通知其家属。尸体存放原则上不超过10日。

死者身份不清且在地(市)级以上报纸刊登寻人启事后10日仍无人认领的,应当根据铁路公安机关书面意见处理尸体;系不法侵害所致的,应当根据铁路公安机关书面意见并征求死者家属意见处理尸体。

对死者的车票、衣物、随身携带物品等应当妥善保管,并于善后处理时一并转交其继承人;死者身份不明或者家属拒绝到站处理的,按无法交付的物品处理。

外国人在铁路站车死亡的,按照《关于转发〈民政部、外交部、公安部关于外国人在华死亡后处理程序有关问题的实施意见〉的通知》(公法〔2008〕25号)处理。

(9)发生旅客人身伤害,需要保护现场时,应当及时采取措施保护现场,禁止与救援、调查无关的人员进入。必要时,可请求地方人民政府予以协助。

(10)发生旅客人身伤害后,列车长、站长应当及时组织现场查验,全力搜集、梳理相关证据资料,检查旅客所持车票的票种、票号、发到站、车次、有效期及有效身份证件信息等,描绘现场旅客定位图,收集不少于两份同行人或见证人的证言及查验记录、现场照片、录像等其他相关证据,形成比较完整的证据链,能够证明发生的过程和原因,初步明确性质,并妥善保管。

旅客或第三人能够说明事件发生经过或责任的,应当由其出具书面材料,并签字确认。

涉及违法犯罪或者旅客死亡的,由铁路公安机关组织现场勘查。

证人应当具有完全民事行为能力。证人证言中应当记录证人的姓名、性别、年龄、地址、联系方式、有效身份证件信息等内容。有医务工作人员参加救治时,应当由其出具参与救治经过的证言。

证言、证据应当真实,能够反映发生的时间、地点、过程、原因和结果。

(11)列车向车站移交伤害旅客时,车站不得拒绝接收。

办理移交手续时,列车应当编制客运记录和旅客携带物品清单一式两份,其中一份由列车存查,另一份连同车票、证明材料、相关证人或其联系方式等一并移交。客运记录应载明日期、车次,旅客的姓名、性别、年龄、国籍、民族、职业、单位、有效身份证件号码、联系方式、住址,车票种类、号码、发站、到站、车厢、席位,受伤地点、受伤原因、受伤部位、处理简况,以及证据材料清单等内容。因时间来不及记明前述内容时,可在客运记录中简要记明日期、车次、移交原因,并须在3日内向处理单位补交有关材料。特殊情况来不及编制客运记录时,列车长或其指定的专人应随同伤害旅客下车办理交接。涉及第三人时,应将第三人同时交站处理。

对已经控制的违法、犯罪嫌疑人,应当及时移交车站铁路公安派出所。

(12)列车上发现精神异常旅客时,应重点关注,并按规定交到站或下车站妥善处理;列车运行途中,旅客有同行成年人的,应要求其同行成年人看护;无同行成年人时,应指派专人看护。必要时,可安排在适当位置看护。

车站发现进站乘车的旅客精神异常时,可不予其进站乘车,并为其办理退票手续。

(13)旅客在法定时限内索赔且能够证明伤害是在铁路旅客运输过程中发生的,受理单位应及时通知发生单位,并本着方便旅客的原则,移交旅客就医所在地车站或旅客发、到站处理,被移交站应当受理。发生单位应当在10日内搜集并向处理单位移交相关证据材料。

(14)在站内或区间线路上发现有坠车旅客时,发现或接到通知的车站应当迅速通报有关列车。有关列车接到通报后,应当立即调查。

发生列车应当按照《铁路旅客人身伤害及携带品损失处理暂行办法》(铁运〔2012〕319号)中第十一条、第十二条的规定收集相关证据材料或旅客携带物品,并向处理单位移交。

(15)对下列情形造成的旅客人身伤害应当立即向铁路公安机关报警:

①杀人、抢劫、抢夺、强奸、爆炸、纵火、绑架、结伙斗殴、寻衅滋事、故意伤害、击打列车和故意损毁、移动站车设备等违法犯罪行为。

②因散布谣言,谎报险情、疫情、警情,扬言放火、爆炸、投放危险物质,或者非法阻拦行车、堵塞通道等,引起公共秩序混乱。

③火灾、爆炸、中毒等治安灾害事故。

④精神病人肇事肇祸、醉酒滋事行为。

⑤自然灾害。

⑥铁路设备、设施故障造成的事故。

（16）发生旅客人身伤害及携带品损失且有下列情形之一的,应当及时通知铁路公安机关：

①应当控制、约束违法犯罪嫌疑人和扣押相关涉案物品的。

②应当保护现场、维持秩序、协同救助的。

③应当由铁路公安机关介入调查、获取证据、查明原因的。

④引发治安纠纷或者酿成群体性事件并影响站车秩序,应当及时处置的。

⑤造成旅客死亡的。

（17）车站、列车发生旅客人身伤害时,可通过电话向所在单位或上级主管部门报告概况；当发生重伤以上旅客人身伤害时,应在第一时间以短信方式向所属铁路局集团公司主管部门报告,随后向有关铁路局集团公司主管部门拍发速报,并逐级向上级主管部门和宣传部门报告。

报告（含速报）内容主要包括如下：

①日期、时间、车次、地点、车站、区间里程。

②伤亡旅客的姓名、性别、年龄、国籍、民族、职业、单位、有效身份证件号码、联系方式、住址以及车票种类、号码、发站、到站、车厢、席位等基本情况。

③发生经过、旅客伤亡及现场处理简况。

  相关实训

分组,通过本项目"实训一　高速铁路客运组织安全实训任务工单"编写实训方案,落实现场处理主要环节及作业要点,分角色运用该任务相关知识进行角色扮演,模拟高速铁路客运人员作业过程进行训练,各小组选派代表进行总结汇报,小组互评、教师点评。实训中做到"教、学、做"一体化,提高学生运用理论知识解决实际问题的能力。

  思考题

1．车站客运人员劳动安全有何规定？

2．列车乘务人员劳动安全有何规定？

任务三　高速铁路客运组织防火安全

【案例2-3】G281次列车火灾事故

【事故概况】2018年1月25日11时53分,由青岛开往杭州东的G281次列车运行至定远站停车,电气设备发生故障。最先发生故障的电气设备是安装于2号车底部的牵引变压器,导致2号车厢冒烟,没有人员伤亡。图2-8为G281次列车火灾事故现场图。

图 2-8　G281 次列车火灾事故现场图

【事故分析】事故最先发生故障的电气设备是安装于 2 号车底部的牵引变压器。事故车 G281 次 5522 号由中车长春轨道客车股份有限公司(以下简称中车长客)生产,车型是和谐号 CRH380BL。中车长客正在对其生产的,安装同款牵引变压器的 CRH380B 和 CRH5 等车型进行普查。中车长客人士称,G281 次 5522 号 2 号车因受损严重报废,其余 15 节车厢经内燃机车牵引已经返回中车长客,将对整车进行彻底检修。

一、车站防火安全

(一) 车站工作人员防火安全

车站工作人员防火安全,应做好如下具体工作:

(1) 严格执行"三乘联检"制度。列车始发前,由列车长组织铁路公安民警长、车辆乘务长,对列车火源、电源和消防器材进行全面的检查;运行中重点检查;终到后彻底检查。检查结果由检查人员分别签字确认,严禁代签、漏签。

(2) 车厢配电设备要保持状态良好、清洁;车厢的配电室内严禁存放物品。配电室、配电柜、控制箱门锁必须良好,及时锁闭。

(3) 车厢电源和电气设备必须保持状态良好,严禁私拉乱接电线、乱安电气装置或在电气设备上放置物品,严禁用水冲刷地板。

(4) 对操作"两炉一灶"和空调、照明等电气设备的乘务人员,要经过专门的消防知识培训,取得合格证后方可上岗。

(5) 不吸烟车厢内醒目位置应设置"禁止吸烟"标志,乘务人员要及时对正在吸烟的旅客进行劝阻。允许吸烟处,应设置"吸烟处"标志,并必须保持烟缸设备齐全,教育旅客不要乱扔烟蒂火种。

(6) 客车上的疏散通道必须保持顺畅,列车编组统一,确保旅客通道应在列车的同一侧,不得堵塞车门。

(7) 对查获和旅客主动交出的易燃易爆危险品要做好记录,妥善保管(对鞭炮、发令纸、火药等及时用水浸湿),交前方停车站处理;对判明不了性质的物品,严禁在车上进行试验。

(8)发现车厢内有旅客违章携带容器破碎易燃液体溢出时,乘务人员应立即动员旅客熄灭一切火种,及时打开车窗通风,并将溢出的易燃液体清除干净,剩余的要妥善处理。

(9)旅客列车每节车厢应配置4具2kgABC干粉灭火器(双层客车每层4具),在客车车厢第1、第2位端各安装2具。挂具采用套筒结构,套筒下边缘距地面高度为1400mm。灭火器应每年进行一次检修,检查、维修标记应符合有关规定。

(10)客车车底、备用客车在车站、车辆段、客技站或其他地方停放或停留时,应制定看守措施,明确责任,落实到人,严加看守。

(11)铁路局集团公司应对管内旅客列车防火工作每半年进行一次抽查;客运公司每季度进行一次检查;列车(客运)段、车辆段(客运分公司、客运事业部)和铁路公安民警队每月进行一次检查。其检查情况要有记录。

(二)旅客防火安全

旅客防火安全注意事项如下:

(1)不要携带易燃易爆危险品上车。例如,指甲油、气体打火机等日常生活中并不危险的东西,在列车上拥挤的条件下可能会变成"杀手"。

(2)增强旅客消防意识,不要认为消防工作"事不关己、高高挂起"。如果发现所在车厢存在安全隐患,要积极向列车工作人员举报、说明。

(3)有意识地学习和了解消防器材特别是灭火器的使用方法,了解发生火灾后的自救和逃生方法,做到心中有数。

(4)如果所乘坐的车厢发生火灾,千万不要惊慌,要积极配合列车工作人员做好让开车厢通道、传递灭火器等火灾处置。

(5)在上车后,要全面熟悉列车消防设施和通道,并清楚自己所处的位置、与列车铁路公安民警的联系方式等情况,便于意外发生时求救。

(6)尽可能选择硬件设施较好、超员不严重的列车乘坐,并且严格按照铁路防火安全规定使用列车上的各种设备。

二、动车组列车防火安全

(一)动车组列车发生火灾、爆炸时的应急处置程序

(1)动车组列车工作人员(含司机、随车机械师、铁路公安民警、客运员、餐饮服务人员、保洁人员等,下同)发现或接到旅客反映车厢内有爆炸、明火、冒烟或消防设施报警时,应立即到现场查看、施救(司机除外)并通知列车长。列车长接到通知后,应会同随车机械师、铁路公安民警根据具体情况,采取相应的措施进行处置。在扑救火灾时,列车乘务人员应保护好现场,并采取措施做好宣传工作,稳定旅客情绪,维持秩序,以免发生混乱。

图 2-9　紧急制动阀

(2) 在确认爆炸后,列车工作人员应立即使用紧急制动阀(图 2-9)停车(火情小能处置的,可不使用紧急制动阀),同时列车长或随车机械师立即通知司机。停车后,司机应立即向列车调度员或车站值班员报告,配合列车长、随车机械师、铁路公安民警进行火灾扑救、旅客疏散等工作。有制动停放装置的,由司机负责实施防溜;无制动停放装置的由随车机械师做好防溜、防护工作。

(3) 列车长应立即指挥列车所有的工作人员进行处置,铁路公安民警、随车机械师等列车工作人员应积极配合;同时,组织事故车厢的旅客向其他车厢疏散。重联动车组列车需解编时,应就地解编。

若火情暂时不危及行车及旅客安全,则可维持运行至前方站停车处理。列车长或随车机械师确认后立即通知司机,司机报告列车调度员(车站值班员),车站值班员报告列车调度员。列车调度员(车站值班员)接到司机前方站停车处理的请求后,立即组织前方站停车,原则上应优先安排停靠车站防火应急预案确定的利于救火的站台,特殊情况可安排在有站台的其他线路停车(来不及变更时除外),必要时可组织其他停留列车腾空线路。列车调度员还应通知前方站提前做好应急准备工作,站内停车救火期间相邻线路禁止停留(运行)其他列车。

若火情暂时不危及行车及旅客安全,列车长、随车机械师确认可运行至前方最近救援疏散通道的地点时,报告司机。司机根据列车长、随车机械师的报告,转报列车调度员,由列车调度员通知司机救援疏散通道地点。司机启动列车运行至救援疏散通道地点停车。

(4) 待所有人员向安全车厢疏散完毕,火势仍未得到有效控制,需向地面疏散时,列车长应立即通知司机、随车机械师或其他列车工作人员关闭通道阻火门。司机根据列车长的请求,向列车调度员报告,请求向地面疏散,现场救援。

(5) 组织旅客疏散时,必须扣停邻线列车。司机在接到列车调度员已扣停邻线列车的口头指示后,立即通知列车长,列车长接到司机通知后应立即指挥列车工作人员打开无线路一侧车门(在隧道内打开列车运行方向左侧车门,桥梁上打开运行方向右侧车门,反方向运行时则操作相反),根据需要安装好应急梯,组织旅客向地面安全地带疏散。

(6) 列车工作人员应组织好旅客有序疏散,并照顾好重点旅客,确保人员安全。到达安全地带后,列车长、铁路公安民警要以车厢为单元详细清点旅客人数,对重点旅客及特殊旅客情况进行逐人登记,维持秩序,做好稳定工作。列车长向发生地所属铁路局集团公司调度所客运调度员,所属客运段调度及有关上级汇报。其报告内容按《事规》执行。

(7)列车长应动员旅客中的医护人员和列车工作人员对受伤人员开展紧急救护,并做好对重点旅客的服务工作。

(8)列车工作人员应积极配合公安部门保护好事故现场,协助公安人员调查取证。

(9)如遇火灾危及旅客安全,又未能及时接到扣停邻线列车的命令,列车长应会同司机,组织列车工作人员打开运行方向左侧车门(无线路一侧),结合现场实际情况,确定旅客疏散方向和疏散方式,列车工作人员应做好旅客安全宣传和防护工作,严禁旅客跨越线路。

(10)列车长会同随车机械师、铁路公安民警,根据爆炸或火情确认需要本线及邻线接触网停电时,通知司机报告列车调度员(车站值班员),车站值班员报告列车调度员。列车调度员接到停电申请并确认发生火情的列车已停妥(重联动车组列车需解编时解编完毕)通知供电调度员停电。

(11)列车长根据火势大小、扑救难度、影响程度等综合考虑,需要地面扑救力量支援时应立即通过司机报告列车调度员(车站值班员)。

列车调度员接到司机请求地面扑救力量支援的报告后,应立即指示就近车站拨打当地119火警电话;车站值班员接到列车调度员通知或司机报告后,立即拨打当地119火警电话,讲明停车地点、火情等情况。区间两端车站站长接到通知后要立即组织站区工务、电务、供电、房建等设备部门(单位)和公安人员赶赴区间,参与旅客疏散、火灾扑救工作。工务部门接到信息后,应立即指派专人携带钥匙第一时间到达作业通道门或进出安全防护网处,组织开放邻近现场的桥梁应急步梯通道(图2-10)、栅栏门,到位后及时报告列车调度员(车站值班员、车务应急值守人员);因旅客疏散、火灾扑救等需要拆除安全防护网时,工务部门应按要求做好拆除、看守工作。公安部门要实时对接地方消防部门,做好引路工作,确保地方消防力量快速到达动车组停车位置。

图2-10 应急梯

站内停车进行火灾扑救时,车站值班员接到列车调度员通知或司机报告后,应立即拨打当地119火警电话,讲明车站具体位置、火情等情况。车站站长接到通知后要立即组织站区工务、电务、供电、房建等设备部门(单位)和公安人员赶赴现场,参与旅客疏散、火灾扑救工作。

消防设备需跨越站场线路组织扑救时,跨越的线路均应封锁。遇紧急情况,列车调度员扣停跨越线路的列车后即可通知现场准许消防设备跨越线路,后续按规定发布封锁调度命令。

参与火灾扑救的工作人员必须严格执行电气化区段作业安全有关规定,特别是用水或一般灭火器扑灭距牵引供电设备带电部分不足4m的燃着物体时,牵引供电设备必须先停电;扑灭距牵引供电设备超过4m的燃着物体时,可不停电,但必须使水流不向牵引供电设备方向喷射。若使用沙土灭火时,燃着物体距牵引供电设备带电部分在2m以上时,可不停电,但须保持灭火机具及沙土等与带电部分的距离在2m以上。

(12)爆炸或火情处理完毕,车站值班员组织工务、电务、供电、房建等部门对有关固定行车设备进行检查(着火范围未涉及的固定行车设备除外),并根据设备部门在"行车设备检查登记簿"登记的行车限制条件组织行车。

(13)遇上述应急状况发生时,由调度所客运调度员通知客服中心解答口径,以便客服代表回复旅客的咨询和投诉。

(二)动车组途中发生火情时应急处理办法(车辆设备故障)

(1)动车组运行途中,列车乘务人员发现车厢空调通风口、配电柜、客室内其他设施设备等冒烟、起火、烧焦、橡胶、塑胶熔化等产生的异味时,应立即通知司机、随车机械师和列车长。当带电设备着火,使用相应灭火器扑救时,在切断电源前使用水雾型灭火器灭火,不得使用干粉灭火器和泡沫灭火器灭火。处理过程中,不能打开起火车厢的车窗、车门,以保证该车处于密闭状态。司机应立即采取停车措施(尽量避免列车停在隧道、长大下坡道、油库等重要建筑物以及居民区)使列车停于安全地点,断开主断路器并降弓,向列车调度员汇报。

(2)随车机械师接到通知后及时赶到相应车厢,关闭空调、通风系统或设施设备电源,并将设备状况通知列车长和司机。

(3)停车后,随车机械师应对车辆设备进行检查,准确判断,果断处理;确认不影响行车安全时,签认后通知司机正常运行。

三、火灾应急处置措施

(一)列车火灾

列车发生火灾时的处置措施如下:

(1)立即停车。列车运行中发生火灾严重威胁到行车和旅客人身安全时,应立即将列车停在安全地带。

(2)疏散旅客。列车发生火灾时,乘务人员应迅速组织起火车厢的旅客向邻近车厢或地面安全地带疏散。

(3)迅速扑救。车长接到火灾报告后,应立即组织指挥扑救,同时要防止发生旅客跳车、趁火打劫等意外事件。

(4)切断火源。停车后,车辆、机车乘务员和运转车长应迅速将起火车辆与列车分离,切断火源,防止蔓延。

(5)设置防护。列车分离后,运转车长和机车乘务员应迅速设置防护。

(6)报告救援。列车长、运转车长和铁路公安民警应尽快向上级机关和行车调度员报告事故情况,请求救援。

(7)抢救伤员。在疏散旅客、迅速扑救火灾的同时,如有被火围困或烧伤人员应立即抢救。

(8)保护现场。乘务员在扑救火灾的同时,应采取措施稳定旅客情绪;列车铁路公安民警应维护秩序,防止混乱,保护好火灾现场。

(9)协助查访。乘务人员应积极协助公安机关调查事故情况,提供线索,协助调查。

(10)认真取证。铁路公安民警应及时了解火灾事故情况,调查取证,为现场勘察、认定火灾原因创造有利条件。

(二)隧道火灾

隧道发生火灾时的处置措施如下:

(1)列车在区间发生火灾时,当上级领导和公安消防机构未到达时,火灾扑救工作由列车长组织指挥,其他工作人员密切配合。

(2)火灾扑灭后,列车长、铁路公安民警长、检车乘务长要对起火部位进行全面检查,确认火已完全熄灭;在确保安全的情况下,列车方可继续运行。

(3)列车在车站发生火灾时,火灾扑救工作由车站站长组织指挥。

 相关实训

分组,通过本项目"实训一 高速铁路客运组织安全实训任务工单"编写实训方案,落实现场处理主要环节及作业要点,分角色运用该任务相关知识进行角色扮演,模拟列车火灾和隧道火灾情境进行训练,各小组派代表进行总结汇报,小组互评、教师点评。实训中做到"教、学、做"一体化,提高学生运用理论知识解决实际问题的能力。

 思考题

1. 简述列车火灾时的应急处置程序。
2. 简述隧道火灾时的应急处置程序。

任务四 高速铁路旅客携带品的查堵及处理

【案例2-4】高速铁路旅客携带违禁品进站

【事故概况】在某高铁站安检大厅,旅客刘先生因为随身行李中携带了一对拳刺而没有通过安检。刘先生说,拳刺是送给朋友的礼物,他并不知道拳刺不能被带上火车。

【事故分析】春运期间,安检人员查获的违禁品五花八门,如钥匙形小刀、仿真玩具枪、弹弓、鞭炮等。按照规定,出行时禁止携带枪支、弹药、警械、管制

刀具、放射物品、易燃易爆品、腐蚀品、毒害品、氧化剂、强磁物品等危险品或违禁品。此外，可能危及旅客人身安全、存在重大安全隐患的利器、钝器等也是不允许携带的。

不少旅客对违禁品的概念并不是特别清楚，收拾行李时，往往会把常用物品都带上，但实际上有些物品不能带上火车。在安检员查获的违禁品中，有不少是爱美女士常用的指甲油、染发剂、发胶等物品。安检规定，这些东西都是可燃的，如果携带，一定要控制其量。

按照规定，旅客可携带的指甲油、去光剂、染发剂不得超过50mL；冷烫精、摩丝、发胶、杀虫剂、空气清新剂等自喷压力容器不得超过150mL。

如果旅客在无意间将违禁品携带进站，车站安检部门会为旅客保留3个月；如果旅客在3个月内不来领取，安检部门会视为旅客放弃该物品，并将物品处理掉。

铁路运输企业要严格按照《铁路安全管理条例》《铁路旅客运输安全检查管理办法》《国家铁路局、公安部关于发布铁路〈禁止携带物品目录〉的公告》等规定要求，切实加强旅客携带物品的安全检查，并在铁路车站、列车等场所通过多种方式公告宣传，运用"宣、看、闻、问、摸、查"六字法，严格把住"四关"（宣传关、门岗查验关、车内复查关、查获处理关），坚决把危险品堵在列车之下，同时获得广大旅客的理解和支持。

铁路行政监管和公安部门要依法履行安全监督检查职责，铁路旅客应当自觉接受并配合铁路运输企业的安全检查工作，各方面共同努力维护铁路运输的良好秩序，确保铁路旅客运输的安全。

二维码1

一、携带品相关规定（相关教学资源见二维码1）

根据国务院颁布的《铁路安全管理条例》等国家法律、行政法规、规章等规定，为维护铁路公共安全，确保广大旅客安全旅行，铁路旅客进站乘车禁止和限制携带物品如下。

（一）禁止携带枪支、子弹类（含主要零部件）

禁止携带枪支、子弹类（含主要零部件）主要包括：①手枪、步枪、冲锋枪、机枪、防暴枪等军用枪以及各类配用子弹（含空包弹、战斗弹、检验弹、教练弹）；②气枪、猎枪、运动枪、麻醉注射枪等民用枪以及各类配用子弹；③道具枪、仿真枪、发令枪、钢珠枪、消防灭火枪等其他枪支；④上述物品的样品、仿制品。

军人、武警、公安人员、民兵、射击运动员等人员携带枪支子弹的，按照国家法律法规有关规定办理，并严格执行枪弹分离等有关枪支管理规定。

（二）禁止携带爆炸物品类

禁止携带爆炸物品类主要包括：①炸弹、照明弹、燃烧弹、烟幕弹、信号弹、催泪弹、毒气弹、手雷、手榴弹等弹药；②炸药、雷管、导火索、导爆索、爆破剂、发爆器等爆破器材；③礼花弹、烟花、鞭炮、摔炮、拉炮、砸炮、发令纸等各类烟花爆竹以及黑火药、烟火药、引火线等烟火制品；上述物品的仿制品。

(三)禁止携带器具

禁止携带器具主要包括:①匕首、三棱刀(包括机械加工用的三棱刮刀)、带有自锁装置的弹簧刀以及其他类似的单刃、双刃刀等管制刀具;②管制刀具以外的,可能危及旅客人身安全的菜刀、餐刀、屠宰刀、斧子等利器、钝器;③警棍、催泪器、催泪枪、电击器、电击枪、射钉枪、防卫器、弓、弩等其他器具。

(四)禁止携带易燃易爆物品

禁止携带易燃易爆物品主要包括:①氢气、甲烷、乙烷、丁烷、天然气、乙烯、丙烯、乙炔(溶于介质的)、一氧化碳、液化石油气、氟利昂、氧气(供病人吸氧的袋装医用氧气除外)、水煤气等压缩气体和液化气体;②汽油、煤油、柴油、苯、乙醇(酒精)、丙酮、乙醚、油漆、稀料、松香油及含易燃溶剂的制品等易燃液体;③红磷、闪光粉、固体酒精、赛璐珞、发泡剂等易燃固体;④黄磷、白磷、硝化纤维(含胶片)、油纸及其制品等自燃物品;⑤金属钾、钠、锂、碳化钙(电石)、镁铝粉等遇湿易燃物品;⑥高锰酸钾、氯酸钾、过氧化钠、过氧化钾、过氧化铅、过氧乙酸、过氧化氢等氧化剂和有机过氧化物。

(五)禁止携带剧毒性、腐蚀性、放射性、传染性、危险性物品

禁止携带剧毒性、腐蚀性、放射性、传染性、危险性物品主要包括:①氰化物、砒霜、硒粉、苯酚等剧毒化学品以及毒鼠强等剧毒农药(含灭鼠药、杀虫药);②硫酸、盐酸、硝酸、氢氧化钠、氢氧化钾、蓄电池(含氢氧化钾固体、注有酸液或碱液的)、汞(水银)等腐蚀性物品;③放射性同位素等放射性物品;④乙肝病毒、炭疽杆菌、结核杆菌、艾滋病病毒等传染病病原体;⑤《铁路危险货物品名表》中所列除上述物品以外的其他危险物品以及不能判明性质可能具有危险性的物品。

(六)禁止携带危害列车运行安全或公共卫生的物品

禁止携带危害列车运行安全或公共卫生的物品主要包括:①可能干扰列车信号的强磁化物;②有强烈刺激性气味的物品;③有恶臭等异味的物品;④活动物(导盲犬除外);⑤可能妨碍公共卫生的物品;⑥能够损坏或者污染车站、列车服务设施、设备、备品的物品。

(七)限量携带物品

限量携带物品主要包括如下:

(1)包装密封完好、标志清晰且酒精体积百分含量大于或等于24%、小于或等于70%的酒类饮品累计不超过3000mL;

(2)香水、花露水、喷雾、凝胶等含有易燃成分的非自喷压力容器日用品,单体容器容积不超过100mL,每种限带1件;

(3)指甲油、去光剂累计不超过50mL;

(4)冷烫精、染发剂、摩丝、发胶、杀虫剂、空气清新剂等自喷压力容器,单体容器容积不超过150mL,每种限带1件。累计不超过600mL;

(5)安全火柴不超过2小盒,普通打火机不超过2个;

(6)标志清晰的充电宝、锂电池,单块额定能量不超过100Wh,合有锂电池的电动轮椅除外;

(7)法律、行政法规、规章规定的其他限制携带、运输的物品。

禁带限带违禁品,如图2-11所示。

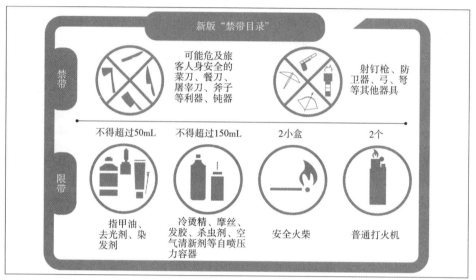

图2-11　禁带限带违禁品

二、旅客违章携带物品处理规定

旅客违章携带物品的处理规定如下:

(1)在乘车站禁止进站上车。

(2)在车内或下车站,对超过免费重量的物品,其超重部分应补发从上车站到下车站的行李运费。对不可分拆的整件超重、超大物品、动物,按该件全部重量补收上车站至下车站行李运费。

(3)发现危险品或国家禁止、限制运输的物品、妨碍公共卫生的物品、损坏或污染车辆的物品,按该件全部重量加倍补收乘车站至下车站行李运费。危险物品交前方停车站处理;必要时移交公安部门处理。对有必要就地销毁的危险品就地销毁,使之不能造成危害并且销毁后不承担任何赔偿责任。没收危险品时,向被没收人出具书面证明。

(4)对列车查出的危险品,由值乘的公安人员妥善保管,移交最近前方停车站公安派出所处理;车站不设公安派出所的,由列车长编制客运记录,移交车站进行处理。对发令纸、鞭炮类的危险品,立即浸水处理。携带危险品进站上车,造成事故时,按国家有关规定处理。

相关实训

分组,通过本项目"实训一　高速铁路客运组织安全实训任务工单"编写实训方案,落实现场处理主要环节及作业要点,分角色运用该任务相关知识进行角色扮演,模拟高速铁路旅客携带违禁品的情况,各小组派代表进行总结汇报,小组互评、教师点评。实训中做到"教、学、做"一体化,提高学生运用理论知识解决实际问题的能力。

思考题

1. 携带品相关规定禁止携带哪些物品?
2. 旅客违章携带物品应如何处理?

任务五　高速铁路反恐防暴处理

【案例2-5】马德里爆炸案

【事故概况】2004年3月11日,西班牙马德里市郊火车系统遭遇恐怖主义炸弹袭击,这是该国历史上最严重的恐怖袭击事件。这次袭击共在4列火车上发生了10次爆炸。据报道,在13个土制炸弹中,有10个被引爆。在这次恐怖袭击中,201人死亡(其中包括14个国家的43名外国人),2050人受伤。该事件成为西班牙在第二次世界大战结束以来遭受人员伤亡最惨重的恐怖袭击事件。因为发生马德里爆炸案的那天距离两年前的"美国9·11事件"正好是911天,所以这一事件又被称为"欧洲的9·11事件"。图2-12为马德里爆炸案现场图。

图2-12　马德里爆炸案现场图

【事故分析】西班牙马德里"3·11"列车爆炸案于2007年10月31日宣判。

西班牙反恐法庭裁定有罪,主犯被判入狱40000年。法官指控主要疑犯摩洛哥人贾迈勒·祖盖姆在一列通勤列车上放置炸弹,另外一名摩洛哥人运输爆炸物,法庭还指控一名西班牙人提供爆炸物品。法庭判决三人谋杀罪成立,法庭宣判这三人分别入狱40000年。但是根据西班牙法律,一名罪犯的刑期最长为40年。

随着我国铁路行业的高速发展,铁路运输广泛采用了新技术。中国高铁经历了一次又一次的提速,这对铁路的基础设施要求也越来越高。与此同时,铁路的安全系数也相对减弱。经历了几次事件之后,党中央和国务院都高度重视铁路安全,对铁路反恐工作更加重视。习近平总书记也对铁路安全工作作出了重要批示,各级政府和铁路部门也都采取了严格的防范措施。

反恐安全工作对铁路部门来说形势严峻,但全国铁路站多、线长,铁路部门服务于全国人民,所以做好铁路的安全工作其任务是相当艰巨的;"3·1"昆明火车站暴力恐怖案件、"4·30"乌鲁木齐火车站恐怖袭击案等事件,为铁路部门做好安全工作的艰巨性敲了警钟。

一、我国铁路反恐现状

(一)反恐意识淡薄导致反恐工作不到位

在我国铁路部门的反恐工作中,有关部门(单位)都没有把反恐工作提到一个应有的高度,表现为反恐意识淡薄,总认为恐怖袭击离我们于"千里之外",在管辖范围内相对安全,不可能出现恐怖袭击事件。由于对于恐怖袭击事件没有一个基本的防范认知和意识。因此,有些单位没有把反恐工作的精神落实到实际工作当中去,这样的思想造成了有些部门(单位)的反恐工作不到位。当然,也有一些部门(单位)有一定的防范意识,主动部署,防患于未然,但是却缺乏一定的主动性,在部署工作当中,很多方法比较落后。与此同时,很多地区和部门的装备不够精良,没有一个高精度的安保系统,安保人员素质往往达不到相关的标准。同时,我国铁路安全区域划分也比较分散,都是一块一块地划分,只是简单地对于某一区域作一个指示,没有一个整体的规划与部署,不能形成一个巨大的安保网。

(二)专门性的反恐机构有待进一步强化,铁路防范工作效果不佳

目前除铁路公安系统以外,铁路客运、货运部门没有一个专门针对反恐防范工作的反恐组织。在铁路运营管理中,一般按照职责安排,容易使跨部门、跨岗位的反恐工作出现脱节,反恐相关的工作就存在一定的管理漏洞。由于没有一个专门性的反恐机构,即缺乏一个行之有效的反恐组织,导致各个环节的反恐防范工作没有连贯性。客运就是负责运营,铁路公安就是负责安全,职能科室就是财务、质检等日常琐碎工作,对于反恐防恐还没有一个系统的部署和管理。很多站内领导认为铁路安全就是铁路警察的职责,完完全全地交给了公安负责,安检职工的管理工作也就出现了脱节。

(三)安保人力资源短缺

铁路的反恐安保工作是一个非常烦琐和庞大的工程,需要数量足够的人力资源来确保其能够正常运行和运转。而在当今的安保工作中,很多部门都缺乏相关的安保人员。人员配备短缺是很多单位的铁路反恐安保工作的真实写照,这也是很多单位铁路反恐工作做得不到位的原因之一。就高铁而言,车次很多,但是沿途配备的警察、安保人员却很少,特别是为了能更多地载客,很多车次一直在减少铁路公安民警配备。有些车次在为数不多的配备情况下,铁路公安民警还身兼数职,如抽查、巡检等,这样的安排大大降低了安保质量。由此可见,安保人员资源非常短缺,因此,只有加强安保人力资源配置,才能保证安保质量,才能把铁路反恐安保工作做得更好。

(四)管理体制不完善,不能起到全面反恐作用

我们应该全面落实人力、实体、技术三大防范措施,这也是铁路反恐防暴工作的基础。但是由于管理体制不完善,在铁路反恐防暴工作实践中三大防范措施不能全方位地发挥作用,导致各个方面存在一定的管理漏洞,出现了一些管理脱节现象,这将不利于我们开展常态化的铁路反恐防暴工作。人力防范是否发挥作用,取决于铁路职工是不是具有防范意识、能否从思想上重视铁路反恐防范工作;实体防范要处于时刻警惕、实时待命的状态,当危险来临时能快速地做出反应,给予反击;技术防范也很关键,现在是一个高科技的时代,智能化、科技化是当今时代的主题。因此,我们只有把这三大防范措施融合在一起并落到实处才能做好安保工作。

二、铁路反恐防范对策

铁路部门的安全工作需要长期坚持,而反恐作为铁路部门安全工作的一项,更需要长期坚持。安全无小事,安全工作不能有半点麻痹、松懈。

(一)加强对铁路反恐的重视程度

纵观国内外恐怖袭击,虽屡见不鲜,但对于一个国家的影响非常巨大。很多国家和地区都受到恐怖活动的威胁。在我国当前的铁路反恐防范工作中,我们一定要加强对铁路反恐的重视程度,让铁路反恐防范工作更加常态化和细致化。各个部门(单位)都要在精神上高度重视,在行动上高度统一,相互配合、相互支持,坚决维护好国家和人民的生命与财产安全。当发生恐怖袭击事件时,我们一定要沉着冷静、积极面对。在组织日常学习时,我们要不断地加强员工的反恐防范思想教育,更多地研究和解读国内外的反恐案例,在心里真正意识到反恐的重要性和紧迫性,随时提高警惕,打好铁路反恐防范的攻坚战。只有真正地在心里认可和重视反恐防范工作,我们才更有行动力和执行力。

(二)严格进站安检程序

(1)铁路部门在火车站加强安保措施,武警和铁路公安民警加强巡逻,消除

旅客在公共场所的恐惧心理,确保旅客安全乘车,使旅客能够放心在火车站候车。

(2)严格落实干部添乘制度。上岗到位,到位负责;落实干部履责巡视要求,采取关键区段、关键时间段深入车厢进行巡视,进一步强化安全防范盯控力度。

(3)严格实名制验证验票,加强沟通,始发站车门严格落实实名制验证验票制度,做到乘车凭证与本人不一致时拒绝上车,坚决达到乘车凭证与本人的一致性。

(4)落实"危险品"检查制度。广播员应加大"危险品"检查宣传力度,列车长应加强与铁路公安民警的联系沟通,对旅客携带的行李物品做好检查,对可疑行李一律配合公安开包检查;一旦发现危险品,立即按照处置程序妥善处置;若需移交则及时移交处理。

(三)培养高素质的安保人才,增加安保人员配置

再规范的制度都需要人去完成,完成的好坏程度与人员素质有很大关系。因此,反恐要想有很强的执行力和行动力就必须培养高素质的安保人才,这样才能提高我们的工作效率,减少资源浪费,保证铁路安全。除此之外,安保人员短缺是我们铁路反恐工作的一个重要问题。我们一定要加强人员配备,协调旅客进站候车、乘车途中和下车地点以及车站内外等各个地方的警力资源,做到各个方面、各个角落都在我们的严密监控之下,不放过任何一个细节,做到万无一失。建立健全整套的反恐防范制度,保证警务力量的整合和随时调配。加强警务人员日常的训练,保证铁路公安民警和治安巡警之间的严密配合;出现紧急情况时,能做到相互协调联合行动。

(四)建立一个基于但高于治安防范的铁路反恐防范体系,提高全面反恐能力

一套行之有效的管理制度是一切行动的前提,成立一个铁路公安、铁路运输机构专门的反恐组织,对于全局有一个整体的调动和一个全面的部署。在党中央和国务院正确领导下,进一步完善管理制度,提高反恐工作能力。我们要建立一个基于但高于治安防范的铁路反恐防范体系,它是指通过借鉴现有基础的铁路治安防范体系,主要针对可能存在的各种恐怖因素进行全方位控制的一个体系。一方面,铁路部门进行有效的风险评估,明确反恐的重点区域,制定反恐目标,找出安全对策和我们实际方案的差距,分析不同时期不同的反恐形势,进一步完善我们的反恐措施;另一方面,在现有的铁路防范的基础上结合自身本地区的实际情况和反恐斗争的形势,在原有的铁路反恐措施下重新修订并且进一步地细化细节,制定一个基于但高于治安防范的铁路反恐防范的相关制度,为日后的反恐工作提供一个保障。与此同时,我们要加强各个单位和组织的沟通,使得反恐防范工作,上下政策一致、思想一致和行动一致,提高全面反恐防暴的能力。

(五)定期进行反恐反劫持演习

提高铁路警方应对恐怖劫持事件的应急反应、组织指挥、协调配合和高效

处置能力,大规模实施安保反恐反劫持实战演习。通过反劫持演习,进一步锻炼各地铁路警方反恐反劫持处置的快速能力。

当前的国际环境复杂多变,很多国家都存在或多或少的恐怖活动事件或迹象。铁路作为一个国家的交通运输枢纽更要加强反恐防暴工作,不断强化反恐防暴意识,建立健全相关的法律制度及管理制度,不断提高安保人员的综合素质,有效地打击和震慑恐怖主义,维护祖国的安全与稳定。

相关实训

分组,通过本项目"实训一 高速铁路客运组织安全实训任务工单"编写实训方案,落实现场处理主要环节及作业要点,分角色运用该任务相关知识进行角色扮演,模拟高速铁路反恐防暴的情境进行训练,各小组选派代表进行总结汇报,小组互评、教师点评。实训中要求做到"教、学、做"一体化,提高学生运用理论知识解决实际问题的能力。

拓展提高

学习《高铁中型及以上车站服务质量规范》,简明扼要地回答下述问题。

1. 对高铁快运作业场地有何要求?

答:高铁快运作业场地满足集散分拣、装卸作业、物品和集装容器暂存等作业要求,其位置可方便、快捷地进出车站和站台。高铁快运物品经指定通道进出车站、站台。

2. 对高铁快运使用专用集装容器安检有何规定?

答:高铁快运使用专用箱、冷藏箱、集装袋等集装容器,以集装件的形式在高铁车站间运输。承运物品和集装件严格执行安全检查规定。

3. 对装卸、搬运高铁快运集装件有何要求?

答:装卸、搬运高铁快运集装件时应轻搬轻放,堆码整齐。合理安排装车计划,在列车到站前将集装件提前搬运至站台指定位置,列车停稳后按计划装载;始发站在旅客上车前完成装车,中途站在开车铃响前完成装车;装卸车作业过程不干扰旅客乘降。装车完毕后向列车长汇报集装件装车位置及件数。

4. 对运输过程中发生高铁快运包装松散如何处理?

答:在运输过程中发生高铁快运包装松散、破损时,有记录、有交接。

5. 对高铁快运集装件到站卸车有何规定?

答:高铁快运集装件到站卸车提前到位,立岗接车。对于集装件外包装、施封破损或集装件短少的,凭客运记录或现场检查,核实现状,办理交接。

6. 遇高铁列车在站临时更换车底或终止运行时,站台客运人员应如何处置?

答:遇高铁列车在站临时更换车底或终止运行时,协助列车客运乘务组完成集装件换乘,必要时临时看管卸下的集装件。

7. 对高铁快运作业区管理有何规定?

答:高铁快运作业区无闲杂人员出入,无非高铁快运工作人员查找、搬运;若发现非工作人员持集装件出站时应当场制止。

思考题

1. 铁路反恐防范对策有哪些?
2. 进站安检应执行哪些程序?

实训一　高速铁路客运组织安全实训任务工单

年　　月　　日

非正常情况类型						
实训目标	1. 专业能力目标 (1)能说出高速铁路动车组乘务人员岗位职责及作业标准; (2)能说出高速铁路旅客人身安全、防火安全等相关规定; (3)能解释携带品的查堵处理以及防恐防暴等方面的要求。 2. 方法能力目标 (1)能综合运用高速铁路客运安全与应急处理专业知识,通过利用高速铁路客运安全与应急处理书籍、课件和图片资料获得帮助信息; (2)能根据实训项目学习任务确定实训方案,从中学会表达及展示活动过程和成果。 3. 社会能力目标 (1)增强学生的劳动意识和规范意识; (2)提高学生面对突发情况的分析能力和随机应变的处理能力; (3)培养学生的责任感和团队精神。					
岗位分工		作业环节	作业要点	组内自评	组内互评		
姓名	岗位				组1	组2	组3

注:1. 高速铁路客运组织安全实训任务工单可根据实际情境进行增删设计。

2. 组内自评满分10分;组内互评满分10分,让组员根据实训表现互相打分,取平均分。

相关规章

《铁路旅客运输安全检查管理办法》(节选)
(中华人民共和国交通运输部令 2023 年 第 21 号)

第二章 基本要求

第六条 铁路运输企业是铁路旅客运输安全检查的责任主体,应当按照法律、行政法规、规章规定,组织实施铁路旅客运输安全检查工作,保障资金投入,制定管理制度,完善作业程序,落实作业标准,确保旅客运输安全。

不同铁路运输企业之间应当实现安全检查互认。铁路运输企业与其他交通运输企业实现安全检查互认或者单向认可的,按照双方约定办理。

第七条 铁路运输企业应当采取有效措施,加强车站安全管理,为安全检查提供必要的场地和作业条件,提供临时存放、专门处置禁限物品的场所。

禁限物品临时存放场所应当远离候车室等人员密集区域,设置灭火器材等相关设施。

第八条 铁路运输企业应当在高速铁路车站和普速铁路三等及以上车站配备安全检查仪、通过式金属探测门、手持式金属探测器、液体检测仪、防爆罐、防爆毯等设备;其他车站根据实际配备安全检查仪或者手持式金属探测器等设备。

在不具备站场封闭条件的乘降所办理乘降作业的旅客列车应当配备手持式金属探测器。

第九条 铁路运输企业使用的安全检查设备应当符合国家标准、行业标准和安全、环保等要求,不得使用应当淘汰的危及生产安全和人身安全的安全检查设备。

铁路运输企业应当加强安全检查设备经常性维护、保养,按照规定进行定期检测,保障其性能稳定,运行安全。未经检测合格的安全检查设备不得用于铁路旅客运输安全检查工作。

第十条 铁路运输企业安装的视频监控设备应当覆盖车站安全检查区域,并保障设备正常运行。采集的视频图像信息保存期限应当符合法律、行政法规的规定。

第十一条 铁路运输企业应当在车站和旅客列车根据安全检查需要,配备必要的安全检查人员。

在配有安全检查仪的车站应当配备值机、手检、处置等安全检查人员。

在不具备站场封闭条件的乘降所办理乘降作业的旅客列车,应当配备安全检查人员;仅在车站办理乘降作业的旅客列车,可以不配备安全检查人员。

第十二条 铁路运输企业应当对安全检查人员进行教育和培训,如实记录教育和培训情况。未经教育和培训合格的人员,不得上岗作业。对不适合继续从事安全检查工作的人员,铁路运输企业应当及时将其调离安全检查工作岗位。

安全检查人员应当具备禁限物品识别和处置、安全检查设备操作、放射性防护等必要的专业知识,熟悉有关规章制度和操作规程,掌握本岗位的操作技能和应急处理措施。

第十三条 从事安全检查的人员应当统一着装,佩戴安全检查标志,依法履行安全检查职责,爱惜被检查的物品。

严禁非安全检查人员操作安全检查设备。

第十四条 铁路运输企业应当为安全检查人员提供必要的健康保护,值机人员连续值机工作时间和再次值机间隔时间应当有利于保护身体健康,有利于提高安全检查工作质量和效率。

第十五条 铁路运输企业应当结合铁路旅客运输安全检查实际,针对客流高峰、恶劣气象及设备故障等突发情况,制定有效的应急预案或者应急措施,并定期实施应急演练。

第十六条 铁路运输企业应当积极推进安全检查工作信息化、数字化、智能化建设,逐步提升安全检查工作质量和效率,为旅客出行提供便利。

第十七条 旅客应当接受并配合铁路运输企业依法开展的安全检查工作。旅客随身携带和托运物品应当遵守国家禁止或者限制运输的相关规定,不得夹带国家规定的危险物品或者其他违禁物品。

旅客不接受或者拒绝配合安全检查,或者不听从铁路运输企业工作人员劝阻,坚持携带、夹带禁止或者超过规格、数量限制随身携带的物品的,铁路运输企业应当拒绝运输。

依照法律、行政法规和国家铁路局的规定可以免检的物品和人员,从其规定。

第三章 安全检查实施

第十八条 铁路运输企业应当对旅客及其随身携带或者托运的物品进行安全检查。旅客及其随身携带或者托运的物品应当经安全检查设备检查。

旅客随身携带或者托运的物品因尺寸、形状、重量等原因无法经安全检查设备检查的,应当实施人工检查。人工检查应当在视频监控设备覆盖的场所实施。

第十九条 对旅客进行人身检查时,应当依法保障旅客合法权益不受侵害。对女性旅客进行人身检查,应当由女性安全检查人员实施。

第二十条 安全检查人员发现可疑物品时应当实施人工检查。人工检查时,一般由旅客自行出示携带或者托运物品,必要时可以由安全检查人员检查,但旅客应当在场。

安全检查人员认为不适合公开检查或者旅客申明不宜公开检查的,可以根据实际,移至适当场合检查。

第二十一条 铁路运输企业应当根据实际及时调整车站安全检查通道的

开放数量,确保旅客进站畅通,日常旅客安全检查等候一般不超过5分钟。

第二十二条 对在不具备站场封闭条件的乘降所上车的人员,旅客列车上的安全检查人员应当对其及其携带物品进行安全检查。

对已经在车站通过安全检查的人员,旅客列车上的安全检查人员可以对其及其携带物品进行必要的安全检查。

对实施安全检查的旅客列车,铁路运输企业应当加强日常安全管理,指定专人组织实施安全检查,对发现的可疑物品及时检查处置。

第二十三条 铁路运输企业应当为老幼病残孕旅客提供安全检查优先服务,对不能通过安全检查仪的婴儿车、轮椅等物品实施人工检查。

第二十四条 随视力残疾旅客进站乘车的导盲犬应当接受安全检查。导盲犬接受安全检查前,铁路运输企业应当提醒旅客协助控制好导盲犬,为其佩戴防咬人装置。

第二十五条 铁路运输企业应当采取有效措施,确保已安全检查区域与未安全检查区域分区隔离。旅客临时离开已安全检查区域,返回时应当重新接受安全检查。

对未离开已安全检查区域的中转换乘旅客,铁路运输企业可以不再对其及其随身携带物品实施安全检查。

第二十六条 鼓励铁路与城市轨道交通、民航、道路、水路等有序衔接,在综合客运枢纽设置封闭、连续的联运旅客换乘通道,签订合作协议,明确合作事项,完善设施设备,优化换乘流程,界定各方责任,实现安全检查互认。

第二十七条 对及时发现旅客携带禁止或者超过规格、数量限制随身携带的物品,或者托运禁止托运的物品,有效避免、减少旅客运输安全事故的单位和个人,依法给予表彰奖励。

第四章 禁限物品处理

第二十八条 安全检查中发现旅客携带禁止或者超过规格、数量限制随身携带的物品,或者托运禁止托运的物品时,安全检查人员应当向旅客告知铁路旅客运输安全检查有关规定。

第二十九条 安全检查中发现旅客托运和随身携带枪支子弹、爆炸物品、管制器具、易燃易爆物品、毒害品、腐蚀性物品、放射性物品、感染性物质,或者旅客声称本人托运和随身携带上述禁限物品的,铁路运输企业应当按照法律、行政法规、规章的规定采取必要的先期处置措施;涉嫌违反治安管理或者犯罪的,及时报告公安机关。

鞭炮、发令纸、摔炮、拉炮等爆炸物品应当按照规定处理。

旅客自弃物品中发现上述禁限物品的,铁路运输企业应当按照本条第一款规定处理。

第三十条 车站安全检查中发现旅客随身携带属于禁止随身携带但可以托运的物品,或者超过规格、数量限制随身携带的物品,可以由旅客选择交送行人员带回、办理托运、交车站保管或者自弃等方式处理。

第三十一条 旅客列车上发现禁止托运和随身携带的物品,或者超过规格、数量限制随身携带的物品时,应当妥善处置,并移交前方停车站。

第三十二条 铁路运输企业应当为旅客办理托运提供便利。对旅客办理托运的物品,铁路运输企业应当安排随旅客所乘列车或者就近列车运送。

对暂不具备办理托运条件的车站,鼓励铁路运输企业与快递企业合作,方便旅客寄递物品。

第三十三条 对旅客提出需要交车站保管的物品,车站应当为其提供保管服务,免费保管期限一般不超过3天。铁路运输企业与旅客另有约定的,按照其约定。

对旅客自弃、超过保管期限的物品,铁路运输企业应当按照国家规定及时处理;国家没有规定的,可以按照铁路运输企业规定或者铁路运输企业与旅客的约定及时处理。

第三十四条 对查获的枪支子弹、爆炸物品、管制器具、易燃易爆物品、毒害品、腐蚀性物品、放射性物品、感染性物质,铁路运输企业应当按照国家有关规定及时处理。

第三十五条 任何单位和个人严禁擅自调换、变卖、私拿私藏、私自处置安全检查发现或者旅客自弃的禁止托运和随身携带的物品以及超过规格、数量限制随身携带的物品。

第五章 监督管理

第三十六条 铁路监管部门应当对铁路旅客运输安全检查工作进行指导、检查和监督,并依法处理安全检查过程中发现的违法违规行为。

第三十七条 铁路监管部门应当积极处理有关安全检查的投诉举报,加强对铁路运输企业落实旅客运输安全检查管理制度、规范操作安全检查设备、安全检查知识培训,以及识别、发现和处置禁限物品等情况的监督检查。

第三十八条 铁路运输企业应当积极配合铁路监管部门依法履行监督检查职责,不得拒绝、阻挠。

第六章 法律责任

第三十九条 在安全检查过程中,发生殴打、辱骂安全检查人员,冲闯、堵塞安全检查通道,破坏、损毁、占用安全检查设备、场地等扰乱安全检查工作秩序、妨碍安全检查人员正常工作行为的,铁路运输企业应当予以制止;发生涉嫌违反治安管理行为或者犯罪行为的,及时报告公安机关。

第四十条 铁路运输企业未提供安全检查场地和作业条件,或者未提供临时存放、专门处置禁限物品场所的,由铁路监管部门责令限期改正,处1万元以下的罚款;逾期未改正的,处1万元以上3万元以下的罚款。

第四十一条 铁路运输企业有下列行为之一的,由铁路监管部门依照《中华人民共和国安全生产法》第九十九条规定处理:

（一）安全检查设备的使用、检测不符合国家标准或者行业标准的；

（二）未对安全检查设备进行经常性维护、保养和定期检测的；

（三）使用应当淘汰的危及生产安全和人身安全的安全检查设备的。

第四十二条 铁路运输企业有下列行为之一的，由铁路监管部门依照《中华人民共和国安全生产法》第九十七条规定处理：

（一）未对安全检查人员进行教育和培训的；

（二）未如实记录教育和培训情况的。

第四十三条 旅客托运行李时匿报、谎报物品品名、性质、重量的，由地区铁路监督管理局依照《铁路安全管理条例》第九十六条规定处理。

第四十四条 铁路运输企业拒不配合铁路监管部门对旅客运输安全检查依法开展监督管理等安全防范工作的，由铁路监管部门依照《中华人民共和国反恐怖主义法》第九十一条规定处理。

第四十五条 铁路运输企业及其工作人员违反本办法其他有关安全检查管理规定的，铁路监管部门应当责令改正。

第四十六条 铁路运输企业因安全检查工作损毁旅客物品的，依法承担民事责任。

旅客违法携带、夹带或者托运时夹带禁限物品，将禁止托运的物品匿报、谎报为其他物品托运，造成人身伤害或者财产损失的，依法承担民事责任。

第四十七条 铁路监管部门的工作人员对旅客运输安全检查情况实施监督检查、处理投诉举报时，应当恪尽职守，廉洁自律，秉公执法。对失职、渎职的，依法给予处分；构成犯罪的，依法追究刑事责任。

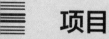

高速铁路车站应急处理

项目介绍

本项目主要介绍高速铁路车站遇突发大客流、列车晚点、紧急停车、旅客服务系统故障和其他非正常情况的应急处理方法。

教学目标

1. 知识目标

掌握高速铁路车站突发大客流、站台紧急停车、站内突发事故以及其他异常情况的处理方法。

2. 技能目标

能够正确使用车站安全设备;能够处理高速铁路车站各种非正常情况。

3. 素质目标

培养学生具备铁路客运员、列车长、列车员以及随车机械师等高速铁路客运岗位在车站面对突发情况时随机应变的工作作风。

任务一　高速铁路车站大客流应急处理

【**案例 3-1**】西安北站大客流集中到达

【**事故概况**】2019 年 2 月 10 日,春节假期最后一天,受雨雪天气影响,西安北站 13 趟高铁列车晚点,集中到达旅客 7000 多人。为保障旅客回家的"最后一公里",高铁、站区办、地铁、公交、出租多方联动,送完最后一拨旅客已经是 2 月 11 日 7 时。

【**事故分析**】2 月 9 日、10 日全国各地大范围有降雪,导致部分列车晚点。尤其是 2 月 10 日 23 时以后,西安北站有 13 趟晚点列车到站,7078 人集中到达,末班车到达西安北站时间为次日 1 时 35 分,加之当日西安北站加开 5 趟夜间列车,均在次日 6 时 47 分前发车或到达,大量旅客的安全、快捷疏散成了急需解决的大问题。

接铁路部门通报后,高铁新城站区办立即启动旅客疏散应急预案,协调西安市公交总公司安排 25 辆应急公交,地铁 2 号线、4 号线北客站延长运营时间至次日 0 时 30 分;联系西安市出租车管理处通过信息平台连续向出租车、网约车发布列车到达及旅客数量信息,出租车司机也主动参与,纷纷通过自己的微信群、朋友圈号召身边的同行前往西安北站支援。

在出租车行业的"爱心车厢"微信群,出租车司机从四面八方赶往北站的同时,也在群里交流从北站载人的情况。有的出租车司机连续七八次到北站载客,就是为了让旅客早点回家;有的出租车司机空驶十几公里前往北站驰援,不顾自己的利益损失;有的出租车司机言传身教并号召其他同仁主动下车帮助旅客放行李,节省停留时间。从 21 时 40 分到次日凌晨,星海公司陕 AT3888 出租车司机王某先后前往北站载客 8 趟。有一位到高陵的旅客说道:"高铁晚点后非常担心回家难,没想到有这么多出租车司机来北站接客,非常感动。"

当日 23 时之后,高铁新城站区共协调开行应急公交车 15 趟,疏散旅客 647 人;召集出租车 600 余辆次,运送旅客 1200 余人。其他旅客通过私家车及地铁疏散。

2 月 11 日 6 时 47 分,末班车 G4322/G4323 次列车到站,该车次到站旅客在 15min 内疏散完毕。7 时许,经过一夜奋战,本次高铁大规模晚点突发情况处置完毕,所有到站旅客全部安全疏散。

一、车站突发大客流处置原则

春运前,对于客流量较大车站(图 3-1),主管站长必须亲自审批日班计划,掌握客流动态。如遇因运行秩序原因造成旅客列车密集到达和客流猛涨时,车站应采取分散候车措施;候车室、检票口等处要加强组织,维持秩序,防止挤口乱排,并随时清理站内滞留人员。严格执行收剪规定作业程序,按规定间隔时间有专人指挥,旅客凭票候车,发区截留、横向切块、纵向成行、提前预剪、专人带队、分批乘降、有序组织。在站台、地道、天桥等旅客通道处增加人力,加岗引导,防止对流、挤伤或踩伤。

图 3-1　车站大客流

二、车站突发大客流处置程序

车站突发大客流的处置程序如下:

(1)车站突发大客流时,应立即组织力量上岗,维护好车站秩序,并通知铁路公安部门。铁路公安部门应增派警力协助车站维护秩序,必要时车站应请求地方人民政府、地方公安部门给予支援,同时向上级主管部门报告。

(2)车站应协调地方人民政府,利用电视、广播、报纸等媒体广泛宣传,引导旅客理性选择出行交通工具。

(3)车站应增设售票窗口,并维护好售票秩序。

(4)车站应加强候车组织,充分利用候车能力,做好重点旅客服务工作,必要时可"以车代候"。

(5)加强乘降组织,车站应安排专人在天桥、地道、扶梯等重点位置进行引导、防护,确保旅客进出站、上下车的安全。必要时,车站可协调相关客运段、动车段,实行"以车代候"。

(6)车站要组织人员,主动了解客流信息,掌握客流去向,及时向客运处报告客流流量、流向等运力需求信息。

(7)突发大客流优先用图定能力安排。客运处接到突发大客流信息后,要迅速查清主要方向各次列车已售车票和剩余票额情况,运用客票系统售票组织手段,合理调整或控制发售该站始发、经停的各次列车客票,优先保证车站需求,并通知管内相关直属车站计划室、车务段客货科或调度室和客运段做好准备。涉及外局始发列车的票额调整由客票所属相关铁路局集团公司办理。

（8）在图定能力无法满足客流需求时，客运处要根据突发大客流的实际情况，及时协调运输、车辆、机务、调度等相关部门，制订应急运力组织方案，组织重联运行或加开临时动车组列车，扩充能力，及时疏散客流。

相关实训

分组，通过本项目"实训二 高速铁路车站应急处理实训任务工单"编写实训方案，落实现场处理主要环节及作业要点，分角色运用该任务相关知识进行角色扮演，模拟高速铁路车站大客流情境进行训练，各小组派代表进行总结汇报，小组互评、教师点评。实训中，做到"教、学、做"一体化，提高学生运用理论知识解决实际问题的能力。

思考题

1. 车站突发大客流处置应遵循哪些原则？
2. 车站突发大客流应如何处置？

任务二 高速铁路车站动车组列车晚点应急处理

项目三—任务二简介

【**案例3-2**】武汉站高铁列车大面积晚点

【**事故概况**】2019年2月10日，春节假期最后一天，武汉站迎来了节后返程客流高峰，当日该站共发送旅客10万人。因受雨雪天气影响，当日汉宜线、合武线以及京广高铁的列车出现大面积晚点；部分列车晚点到次日零时以后到达，且凌晨有多趟"夜行高铁"开行。此时，车站应启动应急预案，加强路地联勤联动，确保旅客无一滞留。

【**事故分析**】武汉站积极与武汉市地方交通部门进行沟通，充分发挥"应急指挥和安全联络微信群"的作用。通过微信群向武汉市交通运输局、公交集团、地铁集团、洪山区站区办通报晚点列车及"夜行高铁"开行情况，并制订旅客疏运方案。在方案实施过程中，每隔20min向各部门通报一次晚点列车预计到站时间，协调地方交通部门根据实际情况动态调整接驳方案，方便旅客及时转乘。与此同时，地铁4号线由原来的22:30延迟到23:30收班；公交集团在每小时开行一班通宵公交的基础上，紧急增开"红眼高铁"接驳专车参与疏散工作。

此外，车站主动与湖北省应急广播（楚天交通广播）、武汉交通广播、湖北交通广播等多家广播电台联系，动员出租车到车站协助进行旅客疏散；同时，通过官方微博发布地铁、公交、出租车开行班次时刻、运行线路，便于旅客及时掌握转乘信息。

2019年2月11日零时后，3趟晚点列车共到达近2000名旅客，凌晨以后开行的11趟"夜行高铁"列车共发送2300名旅客、到达600名旅客。车站按照应急预案,通宵开放候车区及售票处,满足旅客购票、候车需求;提前对空调、饮水处、卫生间等各项设施设备进行检修,确保其功能良好;安排保洁人员加大卫生清扫力度,为旅客营造良好、舒适的候车环境。车站干部职工通宵上岗,为旅客提供引导咨询、中转换乘、重点旅客帮扶等服务。

一、高速铁路车站动车组列车晚点处置基本原则

高速铁路动车组列车晚点处置应遵循快速反馈、站车协同、以人为本、积极安抚、妥善处理的原则;坚持以人为本,以确保旅客运输安全、满足旅客运输需求为出发点和落脚点,最大限度地减少因高速铁路车站动车组列车晚点运输带来的影响。

二、高速铁路车站动车组列车晚点应急处置程序

高速铁路车站动车组列车晚点应急处置程序如下:

(1)车站接到有关列车晚点的信息通报后[综控(应急)操作员逐站向后方站传递晚点信息],客运主任、售票值班员用最短的时间查清晚点列车的已售客票情况,明确已售车票的到站、席别和数量,暂缓或停止该次列车的售票,并向欲购票旅客做好解释工作。

(2)合理控制晚点列车的检票时间,避免过早地将旅客放入站台形成不稳定因素。客运值班员要与信号楼、广播室加强沟通联系,随时掌握列车大致开车时间,确定后方按规定检票,避免旅客在站内长时间滞留引发的一系列问题。

(3)客运主任及时通知综控室,利用电子显示屏、广播等方式适时地向旅客预报列车晚点时间,以便旅客提前做好准备。遇列车晚点超过15min,站长代表铁路部门向旅客致歉;客运值班员带领本班人员对晚点列车旅客按重点旅客服务要求服务,消减旅客的烦躁情绪和其他不良反应。遇受阻列车在站内或接到列车长的请求支援电话时,按照列车的需求,配合搞好旅客饮食供应。

(4)售票室增设一个退票专口,安排专人负责晚点列车退票工作。对于已购车票的旅客,与其他旅客列车的列车长沟通联系,安排同等级、同席位的旅客换乘其他不超员旅客列车出行,缓解因列车晚点造成的旅客滞留压力。

(5)站长或值班干部、客运主任、售票值班员到现场,做好候车室、售票厅的秩序维护工作。因旅客列车受阻不能继续运行时,站长亲自到现场指挥,立即向客收科报告,并与列车长取得联系,按列车告知的需求,全力配合,共同处理影响旅客安全的问题,解决旅客的困难。受阻旅客列车在本站停留期间,及时清理站内闲杂人员,合理封闭车站有关进站通道,禁止闲杂人员进站,组织驻站民警、干部职工对列车进行安全防护,防止发生意外情况。

三、高速铁路车站动车组列车晚点信息通报

(一)通报的规定和要求

(1)旅客列车晚点1h以内时,广播室应向旅客通报晚点时间;旅客列车晚

点超过30min时,广播室应代表站长向旅客诚恳道歉。

旅客列车晚点超过1h,广播室应根据运转有关列车晚点的情况通报,如实向旅客说明晚点原因及预计晚点时间,做好解释与安抚工作。站内有晚点停留旅客列车时,客运值班员应及时向晚点停留旅客列车的列车长通报。

广播室向旅客通报时,广播间隔时间每次不超过30min;同时应提供实时电子显示和电话、语音系统查询。

(2)旅客列车因故出发晚点时,广播室接到运转车间旅客列车因故出发晚点的通知后,应问明预计晚点时间和原因,广播室应将预计晚点时间及时通知客运值班员,并广播告知旅客;客运值班员应将预计晚点时间及时通知晚点客车乘务组,共同做好乘降组织和宣传解释工作。

(3)客运车间各部门接到广播通知的列车晚点信息后,应及时告知所有当班工作人员;遇旅客询问时,应耐心、细致地回答,不得使用"不知道""没点"等不负责任的言语或有不耐烦的表现。

(二)信息传递人员及流程

广播室接到客车到达晚点信息后,终到旅客列车晚点1h以内时,广播室应及时通过广播通知全体客运工作人员,并向旅客通报;终到旅客列车晚点1h以上时,车站广播室应及时通知相关人员,并向旅客通报。

四、高速铁路车站动车组列车始发晚点应急处理

(1)旅客列车晚点1h以内时,报告车站值班室,由客运车间主任(车间值班人员)到现场指挥,组织客运主任值班员(值班员)、客运员、公安人员等到晚点列车旅客集中的候车厅现场,积极引导旅客到售票厅办理旅客改签、退票事宜;做好宣传解释、饮用水供应、清洁卫生、饮食供应等工作,方便旅客,妥善处理旅客过激言行,缓和矛盾,尽力减小不良影响;加强服务总台人力,对重点旅客做好重点服务工作。

(2)列车晚点1~2h,报告车站值班室,由客运副站长(车站值班领导)到现场指挥,客运主任(车间值班人员)、客运主任值班员(值班员)、客运员、公安人员等到达晚点车旅客集中的候车厅现场,积极引导旅客到售票厅办理旅客改签、退票事宜;做好宣传解释、饮用水供应、清洁卫生、饮食供应等工作,方便旅客,妥善处理旅客过激言行,缓和矛盾,尽力减小不良影响;加强服务总台人力,对重点旅客做好重点服务工作。

(3)遇列车晚点2h以上、大面积列车晚点等异常情况时,车站主要领导到现场指挥后,客运主任、客运主任值班员(值班员)、客运员、公安人员等到达晚点车旅客集中的候车厅现场。同时,车间负责组织10人到候车厅,到场人员听从客运站长(车站值班领导)指挥,参与配合应急处理。到场人员要积极组织旅客到售票厅办理旅客改签、退票事宜;做好宣传解释、饮用水供应、清洁卫生、饮食供应等工作,方便旅客,妥善处理旅客过激言行,缓和矛盾,尽可能减小不良

影响;加强服务总台人力,对重点旅客做好重点服务工作。

(4)晚点列车检票前,广播室、客运员要用手提喇叭多次宣传列车预定开车信息,及时通知候车旅客检票进站上车,做到不错不漏,组织有序。

(5)线路中断导致列车停运时,应迅速地采取有效措施,按照《客规》的有关规定,妥善安排到达中转旅客或已购票旅客;旅客要求改乘列车时,应及时协助旅客办理改签手续;协助、配合客运科,在问询处、候车厅公布停办营业和恢复营业的信息。

(6)遇动车组列车严重晚点,造成图定乘务交路为折返站乘务员入住公寓休息,但实际停留时间不足4h的情况时,应采取应急乘务换乘的组织模式。

五、高速铁路车站列车严重晚点的应急处理措施

(一)段内换乘

由段调度室根据列车晚点情况,下达应急乘务换乘的派班通知,做好有关事项交接和人员安排。

(二)跨段换乘

1. 异地换乘

列车长依据晚点情况及人员状况,不晚于乘务换乘站折返开车前5h向换乘站所在铁路局集团公司客运调度员提出换乘申请,同时报告列车车型、编组、定员和乘务人员类别、数量等基本情况;所在铁路局集团公司依据有关规定组织人员换乘;如换乘客运段无担当车型的动车组时,可由原担当班组安排一人随车休息,必要时协助换乘班组工作;餐饮服务人员、保洁人员应随同客运班组由换乘铁路局集团公司整体安排换乘,原餐饮服务组应安排一人随车负责结账、管理等相关工作;入住公寓休息,等候下一步指令。

2. 本地换乘

依据换乘调度命令,立即组织乘务人员(含餐饮服务人员、保洁人员)做好出乘准备,携带"GSM-R"手机、手持终端、对讲机等通用的设施备品,于换乘站折返开车前50min到达站台,与原担当班组进行移动补票设备、票据、服务备品、应急设施,以及沿途停站时刻和上水、吸污作业等重点事项交接。换乘班组值乘终到后,原担当客运段安排车队干部带队接车并再次办理相应交接手续;若本段无该车型的动车组时,可由原担当班组安排一人随车休息,必要时协助换乘班组工作;餐饮服务人员、保洁人员应随同客运班组由换乘铁路局集团公司整体安排换乘,原餐饮服务组应安排1人随车负责结账、管理等相关工作。如果铁路公安民警需要换乘,局管内列车由所属公安局协调,跨局列车由担当局和换乘站所属铁路局集团公司公安局协调,可比照客运乘务换乘办理。换乘班组完成单趟值乘任务后,后续乘务交路由各自客运段安排,可便乘返回本段,也可担当本段后续列车乘务任务。

相关实训

分组,通过本项目"实训二 高速铁路车站应急处理实训任务工单"编写实训方案,落实现场处理主要环节及作业要点,分角色运用该任务相关知识进行角色扮演,模拟高速铁路车站动车组列车晚点情境进行训练,各小组派代表进行总结汇报,小组互评、教师点评。实训中要求做到"教、学、做"一体化,提高学生运用理论知识解决实际问题的能力。

思考题

1. 高速铁路车站动车组晚点处置有什么基本原则?
2. 高速铁路车站动车组晚点应如何处置?

任务三 动车组列车紧急停车应急处理

【**案例3-3**】因旅客突发疾病紧急停车

【**事故概况**】2019年1月14日17时25分左右,为抢救一名突发疾病的旅客,原本不停靠南充站的成都至达州的D5190动车,破例在南充站短暂停留2min。120救护车通过应急通道,与列车门对门将病人救走。

旅客突发情况紧急停车救人,如图3-2、图3-3所示。

图3-2 旅客突发情况紧急停车救人　　图3-3 因旅客突发疾病紧急停车

【**事故分析**】列车刚过遂宁火车站,这名旅客就突然发病,呕吐不止。列车调度员立即通知南充火车站做好准备,而这趟动车正常情况下是不停靠南充站的。救护车直接开到了旅客所在列车的第7节车厢门口,大家将病人搀扶下来,直接扶上急救车。同时,火车站及时帮助病人家属办理了退票手续。急救车一路急驶,将病人送到医院,该名旅客病情得到控制。

据南充火车站工作人员描述,由于经停的时间短、动车车次密度不是很大,所以这次破例停靠,没有对整个达成线上的动车开行时间造成影响。前段时间发生了一起"女教师拦高铁"事件后,有些网友认为铁路部门不够"灵活"。其实,并不是不能"灵活",而是要权衡"灵活"的必要性! 为了拯救生命,列车可以临时停靠,也可以破例提速,这才是我们想看到的"灵活变通"。

为了做好车站站台紧急停车应急处理,确保旅客列车运行安全和旅客人身安全,根据总公司电报要求,特制订本应急预案。

一、适用范围

动车组在站起动的范围为自车站开车后至列车尾部过出站信号机前。

二、列车停站或初起动时紧急叫停应急处理

1. 紧急呼叫

列车停站或初起动,车站客运员发现危及旅客人身安全或行车安全,需紧急叫停列车时,由客运值班员负责使用客运电台频道1(467.200MHz),呼叫司机停车。呼叫用语为"××次司机,请立即停车。××站客运值班员报告"。司机在接到紧急呼叫时,若车没有起动则不起动;若车已起动则立即紧急制动停车,同时应答呼叫者"××次司机明白"。

2. 告知事由

列车停车后,客运值班员要主动向司机告知停车事由。由客运值班员负责将情况告知站长(值班干部)和综控(应急)操作员,站长(值班干部)负责上报车务段调度室和客收科;综控(应急)操作员负责上报铁路局集团公司客服综合控制中心。

3. 应急处理

车站要根据具体情况及时做好相关应急处理,尽快恢复列车开行。

4. 重新开车

紧急事件处理完毕后,客运值班员通知列车长,列车长通知司机紧急事件处置完毕,同时按规定程序通知司机(机械师)关闭车门,司机按规定程序开车。

5. 事后上报

事件处理完毕后30min内,车站要形成文字材料上报车务段调度室和客收科。

三、站台紧急停车注意事项

站台紧急停车注意事项如下:

(1)车站办理动车组客运业务时,动车组在站启动的范围为客运营业站开车后至列车尾部过出站信号机前。

(2)除发现动车组列车危及旅客人身安全或行车安全等特殊情况时,严禁使用动车组司机频点进行通话联系,避免影响动车组行车安全。

(3)高铁车站可录音手持电台配置单位和数量:办理动车组列车站台的客

运值班员,每个站台两部。

相关实训

分组,通过本项目"实训二 高速铁路车站应急处理实训任务工单"编写实训方案,落实现场处理主要环节及作业要点,分角色运用该任务相关知识进行角色扮演,模拟高速铁路车站动车组紧急停车情境进行训练,各小组派代表进行总结汇报,小组互评、教师点评。实训中要求做到"教、学、做"一体化,提高学生运用理论知识解决实际问题的能力。

思考题

1. 简述列车停站或初起动时紧急叫停作业程序。
2. 站台紧急停车有哪些注意事项?

任务四 高速铁路车站火灾应急处理

【案例3-4】G281次列车在定远站发生火灾

【事故概况】2018年1月25日11时53分,由青岛开往杭州东的G281次列车运行至定远站因火灾停车(图3-4)。

图3-4 G281次列车在定远站发生火灾

【事故分析】铁路部门立即启动应急预案,及时组织旅客疏散,没有造成人员伤亡。

据调查发现,事故最先发生故障的电气设备是安装于2号车底部的牵引变压器。事故车G281次5522号由中车长客生产,车型是和谐号CRH380BL。事故发生后,中车长客正在对其生产的、安装同款牵引变压器的 CRH380B 和 CRH5 等车型进行普查。中车长客人士称,G281 次 5522 号 2 号车因受损严重报废,其余 15 节车厢经内燃机车牵引已经返回中车长客,整车须进行彻底检修。

此次事故造成京沪高铁北京南站至上海虹桥站 G139 次、G3 次、G143 次、G17 次列车,北京南站至杭州东站的 G43 次列车,北京南站至宁波站 G59 次列车停运。

一、站内停留列车发生火灾时的应急处理办法

1. 立即报告

发现火情后,相关人员应立即向客运值班主任(客运值班员)报告;客运值班主任(客运值班员)应协同铁路公安民警立即赶到火灾现场,迅速向上级汇报。车站、公安相关负责人应立即赶到现场,成立临时指挥中心,实施统一指挥。

2. 疏散旅客

现场指挥人员迅速配合列车乘务人员引导旅客沿各消防通道疏散到安全地带;有条件时启动消防广播或通知广播室工作人员立即进行紧急疏散广播。列车乘务员在引导疏散旅客时要向旅客宣传防火自救常识,消除旅客恐慌心理,并按预先计划的通道组织旅客有序疏散,防止旅客跳车及拥挤发生意外伤亡。

3. 迅速扑救

客运值班主任(客运值班员)立即组织人员进行扑救。灭火时要遵循"先控制,后灭火;先重点,后一般;救人重于救火"的原则,迅速扑救火灾;要根据火灾、物资的具体情况和燃烧物的性质,合理选取灭火器材、消火栓、工具等实施灭火方案,控制火势蔓延,防止爆炸。

4. 切断火源

当站内停留列车发生较大火情时,现场指挥人员迅速通知运转调车人员将起火车辆与列车分离,防止火势蔓延。

5. 请求救援

根据火势大小,拨打 119 火警电话,同时要讲清时间、地点、燃烧物及火势情况,请求救援,并开启消防通道卷帘门,派人引导消防车。

6. 抢救伤员

在疏散人员、扑救初起火灾的同时,首先要积极抢救伤员,根据伤员数量、伤势情况,及时通知急救中心或送往有救治能力的医院抢救。

7. 保护现场

在扑救火灾时,采取多种措施做好宣传工作,安抚旅客情绪,维持好现场秩序,以免发生被盗、哄抢等混乱情况;同时设立安全防护区,禁止无关人员穿行。

8. 协助查访

车站应协助有关部门调查引发火灾的原因、旅客损失、责任人等情况，做好善后处理。

9. 认真取证

取证材料主要包括当事人或目击证人的材料，不少于两份。

材料内容包括时间、地点、姓名、住址、联系电话以及火情的原因、经过等。材料应用笔录形式。

高铁站火灾现场，如图3-5所示。

图3-5　高铁站火灾现场图

二、站内发现可疑(爆炸)物品的应急处理办法

站内发现可疑(爆炸)物品时，应立即汇报客运值班主任(客运值班员)，同时向公安派出所或值班民警汇报。值班主任(客运值班员)要及时组织将周围旅客和其他人员疏散到安全地带，并将可疑(爆炸)物品交由公安人员及时处理。

 相关实训

分组，通过本项目"实训二　高速铁路车站应急处理实训任务工单"编写实训方案，落实现场处理主要环节及作业要点，分角色运用该任务相关知识进行角色扮演，模拟高速铁路车站发生火灾的情况，各小组派代表进行总结汇报，小组互评、教师点评。实训中要求做到"教、学、做"一体化，提高学生运用理论知识解决实际问题的能力。

 思考题

1. 站内停留列车发生火灾时应如何处理？
2. 站内发现可疑(爆炸)物品时应如何处理？

任务五　旅客服务相关系统发生故障时的应急处理

【案例3-5】遵义高铁站售票系统瘫痪

【事故概况】2018年2月6日早上7:00—8:30，陆续有旅客在微博吐槽遵义高铁站售票系统瘫痪，自动出票机和人工售票口都不能出票，自动取票机成了摆设，而工作人员8:00才上班。经调查得知，遵义站无法取票的原因是售票系统断网。车站立即启动了两个应急取票窗口，旅客可以去窗口取票。

李女士计划搭乘这一天途经遵义站的最早一趟高铁 D4563 前往贵阳。火车开车时间为 8 时 18 分,但当她到达遵义站后,发现取票机无法使用,"当时也没有听到广播通知解决方案"。随后,该趟列车旅客在车站工作人员指引下,拿着身份证和购票短信等证明进站顺利上车。

【事故分析】遵义站虽为高铁车站,但在 8:00 前仅有少量普通车次通过,12306 工作人员解释,早上 8 时 03 分,他们接到遵义站打来的电话得知自动取票机无法使用,后经诊断为售票系统断网所致,"车站请求我们派人前往处理,他们也紧急启动了两个应急取票窗口为旅客服务。"

遵义站是该市新开火车站,1 月 25 日与渝贵高铁通行同时启用。上述工作人员表示,他们正在对购票系统进行积极抢修,自动出票机的具体恢复时间以车站公布信息为准。

一、铁路局集团公司集成管理平台发生故障时的应急处理措施

铁路局集团公司集成管理平台发生故障时的应急处理措施如下:

(1)铁路局集团公司集成管理平台在发生故障无法对车站旅客服务系统进行操作和控制时,会向集控调度员、车站综控(应急)操作员发出报警提示。集控调度员和相关车站,将车站综控(应急)操作台切换至站控模式或应急模式,并通知技术维护人员进行抢修。

(2)集控车站在接到铁路局集团公司集成管理平台的故障通知后,立即指定专人负责对本站应急操作台的操作,完成对车站旅客服务系统各功能模块的控制。

(3)接到集控调度员启动站控模式的命令时,应急操作员按照集控模式转站控模式要求办理。

(4)启动车站应急模式后,旅客服务系统立即将中心信息接口定向到车站应急操作台;车站的应急操作台自动接收调度信息共享平台、客票系统等相关信息数据,并负责对车站动态导向、广播、查询和自动检票设备的控制。

(5)当铁路局集团公司集成管理平台恢复正常后,由集控调度员将车站应急操作台恢复至正常管理模式。旅客服务系统自动将中心信息接口重新定向为铁路局集团公司集成管理平台,恢复铁路局集团公司集成管理平台对车站旅客服务系统的操作。完成集成管理平台正常操作控制后,集控调度员通知车站恢复集控模式。

二、旅客服务系统网络通信发生故障时的应急处理办法

旅客服务系统网络通信发生故障时的应急处理办法如下:

(1)铁路局集团公司集成管理平台与车站综控(应急)操作台发生网络通信故障,造成铁路局集团公司与车站间网络通信无法联系时,集成管理平台会向集控调度员、车站综控(应急)操作员发出报警提示;集控调度员和相关车站

及时启动应急模式,并通知技术维护人员进行抢修。

(2)集控车站接到铁路局集团公司集成管理平台有关网络故障的通知后,立即指定专人启动应急模式,并负责对车站旅客服务系统各功能模块的操作和控制。

(3)车站不能自动接收列车调度阶段计划及到发股道、时间信息时,启动应急模式,立即指定专人负责对本站应急操作台的操作,在"综控室工作日志"或"应急操作台工作日志"内登记,并在行车室与车站值班员签认。车站值班员应根据列车运行调整计划在列车到达前20min将列车到发股道、时间信息通知车站综控(应急)操作人员;遇有列车运行调度计划调整和列车晚点,应一并通知。

(4)车站综控(应急)操作员应采用人工维护的方式,做好列车开行信息、列车实时运行信息等外部信息的维护,确保车站旅客服务系统各功能模块正常运行。

(5)如遇列车晚点、检票口调整等需对检票计划进行修改时,由车站操作人员登录铁路局集团公司中心的自动检票系统,对自动检票计划进行相关修改、调整。

(6)当铁路局集团公司集成管理平台与车站综控(应急)操作台间网络通信恢复正常后,集控调度员将车站应急操作台恢复至正常模式,恢复集控调度台对车站旅客服务系统各功能模块的操作和控制,并通知相关车站。车站综控(应急)操作台操作人员及时在"综控室工作日志"或"应急操作台工作日志"内销记,并在行车室与车站值班员签认。

三、客票系统网络通信和检票闸机发生故障时的应急处理措施

客票系统网络通信和检票闸机发生故障时的应急处理措施如下:

(1)车站工作人员发现客票系统网络通信发生故障或自动检票系统通信发生故障时,应立即向客运处客票管理所、信息技术所和铁路局集团公司集控调度台报告;并指定专人通过车站自动检票系统的应急操作平台,进入车站应急检票系统,将自动检票闸机切换到应急模式,采取人工方式对检票计划进行修改维护。

(2)铁路局集团公司集控调度员接到车站有关客票系统网络通信故障后,通知车站转为应急模式;车站综控(应急)操作员要根据列车实际运行信息,做好对车站自动检票计划执行情况的监控,确保旅客检票秩序正常。

(3)当客票系统网络通信恢复正常后,车站工作人员应及时向铁路局集团公司集控调度员报告;由集控调度员登录中心检票系统,将车站自动检票系统切换至正常模式,并将集成管理平台中的车站自动检票闸机状态切换到正常模式。

四、广播系统发生故障时的应急处理措施

广播系统发生故障时的应急处理措施如下：

（1）广播系统发生故障后，集控调度台应立即通知客运值班主任，集控调度员通知故障车站综控室切换到应急广播；由车站综控（应急）操作员手动选择广播区域，按照广播内容进行人工广播，做到不缺项、不遗漏、不错播。

（2）若应急广播无法启动，综控（应急）操作员则立即通知站长、客运值班员，分以下两个区域加强组织：

①候车大厅：通知站长（客运值班主任），组织人员准备好手提喇叭、小区广播和车次引导牌，在进站大厅、检票口进行宣传，将旅客引导至相应的检票口。综控（应急）操作员要与站长（客运值班主任）随时联系，将列车闭塞信息、列车开检和停检信息及时通知检票员，由检票员利用手提喇叭、小区广播对旅客进行宣传引导，防止旅客误乘、漏乘。

②站台及出站通道、出站厅：通知各站台值班员，准备好车次引导牌和手提喇叭，安排人员在进站通道楼梯处、站台地道口、出站地道口和出站大厅进行宣传，引导旅客有序上下车、有序进出站，严禁旅客在站内滞留。

（3）故障排除后，综控（应急）操作员应及时报告站长（客运值班主任）；由站长（客运值班主任）确认各处所广播是否完全恢复。综控（应急）操作员在得到站长（客运值班主任）确认故障排除的报告后，上报铁路局集团公司集控调度台。

五、自动售票系统发生故障时的应急处理办法

自动售票系统发生故障时的应急处理办法如下：

（1）车站出现部分区域或大面积自动售票机（TVM）停售或售票速度缓慢时，应立即组织维护部门和设备维保单位进行故障排查，同时上报铁路局集团公司客运处。铁路局集团公司客运处协调设备维保单位、客票总体组和铁路局集团公司客票维护部门共同对故障进行排查，确定故障原因。自动售票系统出现大面积故障时，须立即上报国铁集团运输局。车站做好相应的应急处理、旅客组织和解释工作。

（2）客票系统、自动售票系统发生故障或网络中断时，车站暂停 TVM 售票，同时增加人工售票或应急窗口数量。

（3）因 TVM 车次查询业务量过大，导致 TVM 和人工窗口售票速度缓慢时，铁路局集团公司客运处通知车站停用部分 TVM；同时，及时增加客票系统查询服务器处理能力，满足查询业务需要，并启用 TVM 售票。

（4）自动售票系统向客票系统申请连接大量失败时，铁路局集团公司应根据客票系统运行情况，可适当扩大自动售票系统到客票系统连接池的连接数量。

(5)大量TVM不能正常换取互联网电子客票时,车站可通过自动售票系统暂时取消TVM的换票功能,并引导旅客通过车站人工窗口换票。

(6)大量TVM出现银行卡支付失败时,车站可通过自动售票系统暂时取消电子支付功能,暂停仅提供银行卡支付的TVM的售票服务。

(7)故障修复后,铁路局集团公司通知车站终止应急状态;车站通过自动售票系统恢复TVM的正常功能。

六、自动检票系统发生故障时的应急处理措施

自动检票系统发生故障时的应急处理措施如下:

(1)车站出现部分区域或大面积自动检票机无法正常检验车票时,应立即组织维护部门和设备维保单位进行故障排查,同时上报铁路局集团公司客运处。铁路局集团公司客运处协调设备维保单位、铁路局集团公司客票维护部门共同对故障进行排查,确定故障原因。自动检票系统出现大面积故障时,上报国铁集团运输局。车站做好相应的应急处理、旅客组织和解释工作。

(2)自动检票系统应急模式启用步骤:

①车站登录本站自动检票应急系统,将故障自动检票机的检票服务器地址设置为本站自动检票应急系统服务器地址。

②车站通过自动检票应急系统重启本站所有故障自动检票机。

③车站启动自动检票系统应急模式后,仍无法正常办理检票业务时,上报铁路局集团公司客运处批准后,车站及时增加人工检票。

(3)故障修复后,铁路局集团公司通知车站结束自动检票系统应急模式。车站结束自动检票系统应急模式步骤:

①车站工作人员登录本站自动检票系统,将故障自动检票机的检票服务器地址设置恢复为原自动检票系统服务器地址。

②车站工作人员通过自动检票系统重启本站所有故障自动检票机。

七、检票闸机发生故障时的应急处理办法

检票闸机发生故障时的应急处理办法如下:

(1)闸机发生故障,不能自动检票时,检票员应及时打开人工口进行检票作业,不能影响旅客检票进站;并通知综控室,综控(应急)操作员及时通知设备厂家进行维修。

(2)闸机钥匙必须由检票员保管,保证闸机发生故障时能够及时处理。

相关实训

分组,通过本项目"实训二 高速铁路车站应急处理实训任务工单"编写实训方案,落实现场处理主要环节及作业要点,分角色运用该任务相关知识进行角色扮演,模拟高速铁路车站旅客服务相关系统发生故障的情境进行训练,各

小组派代表进行总结汇报,小组互评、教师点评。实训中要求做到"教、学、做"一体化,提高学生运用理论知识解决实际问题的能力。

思考题

1. 自动售票系统发生故障时应如何处理?
2. 自动检票系统发生故障时应如何处理?

任务六 高铁车站其他异常情况应急处理

【案例3-6】高铁站台夹人

【事故概况】2012年5月11日19时34分,深圳北至武汉高铁在韶关站上客完后,司机启动程序关闭车门时,3号车厢一名2岁多儿童突然冲出车厢,小手被车门夹住,身体却在车外。站台工作人员发现后立即抱起儿童狂奔,司机及时紧急停车,所幸儿童仅有轻微皮外伤。铁路部门提醒,旅客带孩子旅行时,要注意看管好孩子,防止意外。

【事故分析】据了解,该趟列车是由深圳北开往武汉的G1024次高铁。当时正在该趟列车上的旅客目睹了惊心动魄的一幕。根据旅客的描述,当时3号车厢内一名儿童独自跑到车厢外,车门关上时正好被车门夹住手,但身体仍在车外,列车已经缓缓开动。危急时刻,一名站台工作人员急中生智,抱着哭叫的儿童追随列车往前奔跑。

图3-6 紧急制动按钮

此时车厢内孩子的父母及其他旅客发现此情况,大家都惊慌失措,有的急喊停车,有的忙按紧急按钮(图3-6),还有的把车窗锤子拿下来拼命砸车门玻璃。

经过"漫长"的1min左右,G1024次列车采取紧急制动并成功停车。而此时,该工作人员已经抱着儿童狂奔到接近站台的边缘。车站工作人员立即拨打120,将儿童送往医院检查,所幸仅有轻微皮外伤,并于21时45分离开医院,在铁路部门安排下转乘其他列车继续北上。

该起事件发生后,由于G1024次列车3号车厢门的玻璃被砸烂,为确保列车安全,铁路部门暂停该趟列车运营,并启动应急预案,于21时08分从韶关站开行后备列车,组织G1024次列车旅客转乘。车上的旅客因此延误了将近2h才到目的地。

武汉铁路公安局负责人表示,"在正常运营中,且未经列车员的同意,随意拿取救生锤敲击高铁车窗将受到处罚!"因此,高铁车窗户不能随意敲击,特别是在高速运行中,敲击玻璃将引发高铁列车紧急制动停车,影响高铁安全运营。

高铁列车的每节车厢都会配置多个安全锤(图3-7),挂在车窗旁边,旅客可以随时拿取。在出现紧急情况时,须在列车员指导下,敲击车窗上方标记的红点位置(约网球大小),然后用力外推,可推落玻璃逃生。

2010年2月,武广高铁一趟列车因发生故障而中途暂停,一名旅客因感觉车厢闷热,用救生锤砸裂车窗,后移交铁路公安处理。根据《治安管理处罚法》,致使列车紧急制动的,轻者被行政拘留,重者即造成旅客摔伤或突发疾病的将承担刑事责任。

图3-7 安全锤

一、车站恶劣天气下客运组织应急处理程序

因恶劣天气(含暴雨、大雾、大雪、冰雹、台风等)影响动车组列车正常运行时,调度所客运调度员应及时通知客运管理部门、沿线车站、滞留列车;客运管理部门应了解现场情况,指挥应急处理,站车及时公告旅客并致歉。其应急处理程序如下:

(1)车站应及时公告动车组列车因恶劣天气影响非正常运行的情况。售票处、候车室、问询处等服务处所应做好对旅客的宣传和服务工作。

(2)车站应及时增开退票和改签窗口,为旅客办理退票、改签等手续。

(3)车站公安派出所应协助客运部门维护好售票、候车、乘降等秩序。

(4)车站应根据安排,及时为动车组列车提供餐食和饮用水。

(5)遇上述应急状况发生时,由调度所客运调度员通知客服中心解答口径,以便客服代表回复旅客的咨询和投诉。

二、车站发生重大疫情时应急处理程序

车站发生重大疫情时的应急处理程序如下:

(1)车站发现疑似鼠疫、霍乱等重大疫情的病例或接到车站有疑似病例的通知时,应立即向铁路疾控部门报告。

(2)车站应设置隔离区(图3-8),用于隔离传染病人、疑似病人和密切接触者;紧急疏散其他旅客,并对有关人员进行登记。

图3-8 车站隔离区

(3)车站应封锁已经污染或可能污染的区域,由铁路疾控人员对该区域进行消毒。

(4)车站应将传染病人、疑似病人和密切接触者,以及其他需要跟踪观察的

旅客及资料移交铁路疾控部门。铁路疾控部门确认处置完毕后,方可解除区域封锁。

(5)公安部门应维护好站内秩序,确保区域封锁、旅客隔离和疏散等工作正常开展。

(6)车站应积极配合现场的医疗和疾控部门工作。

(7)遇上述应急状况发生时,由调度所客运调度员通知客服中心解答口径,以便客服代表回复旅客的咨询和投诉。

三、发现或接到客运站接触网断线报告时的应急处理程序

发现或接到客运站接触网断线报告时的应急处理程序如下:

当车站、公安派出所发现或接到客运站接触网断线报告时,车站工作人员、铁路公安民警要迅速在导线断线地点周围设置警戒区,确保人员远离断线地点10m以外,并及时通知设备管理部门,立即进行处置。

四、站内换乘热备动车组的处理程序

站内换乘热备动车组的处理程序如下:

(1)遇动车组车体定员变化时,客票管理所负责预留替换席位;车站应及时按照替换方案为涉及定员变化的旅客收回原票、换发新票。一等座变更二等座时退还票价差额;二等座变更一等座时不向旅客补收票款。旅客要求退票或改乘其他列车时,车站应及时为旅客办理退票、改签等手续。

(2)故障车停靠站台时,换乘时应尽可能安排在同一站台面;不能在同一站台面换乘时,应组织旅客通过天桥或地道换乘,严禁跨越股道换乘。故障车在站内没有停靠站台时,换乘处置程序比照区间换乘热备动车组的处置程序办理。

(3)换乘时,站车应认真组织验票,严禁持其他车次车票的旅客上车。

(4)遇上述应急状况发生时,由调度所客运调度员通知客服中心解答口径,以便客服代表回复旅客的咨询和投诉。

五、区间换乘热备动车组的处理程序

区间换乘热备动车组的处理程序如下:

(1)列车长接到司机转达的组织旅客换乘热备动车组的命令时,应立即向列车员传达;列车员应检查车内情况,坚守岗位。

(2)列车应向旅客通告换乘的决定,告知安全注意事项,并对列车不能如期运行给旅客出行造成的不便,由列车长代表铁路部门向旅客致歉,并感谢旅客的配合,做好后续服务工作,取得旅客的支持与谅解。

(3)救援动车组列车到达指定位置,由现场救援指挥负责人统一指挥;救援动车组司机和列车长负责对准故障动车组车门。救援动车组停稳后,救援动车组司机通知救援动车组列车长和被救援动车组列车长,救援动车组列车长与被

救援动车组列车长联系确认后,组织乘务组人员手动打开指定车厢车门(随车机械师配合),放置好过渡板(图3-9)(未配置过渡板的动车组除外),会同公安、客运员等应急人员共同做好防护,组织旅客有序换乘。对由于线路、动车组重联等无法实现各车厢车门对位时,应使用应急梯。安设2个及以下应急梯或过渡板时,救援动车组列车长负责组织放置;放置超过2个应急梯或过渡板时,救援动车组列车长负责组织放置2个,被救援动车组列车长负责组织放置其他应急梯或过渡板。

图3-9　过渡板

(4)换乘过程中,动车组禁止移动。旅客换乘完毕,被救援动车组列车长组织乘务组人员对全列进行检查确认后,通知救援动车组列车长换乘完毕。救援动车组列车工作人员将应急梯或过渡板收好定位存放,列车长确认所有工作人员及旅客均已上车后,关闭车门并报告救援动车组司机具备开车条件。被救援动车组乘务组人员将应急梯或过渡板收好定位存放,关闭车门并报告被救援动车组司机。

在隧道内换乘,需开启隧道应急照明时,列车长通过司机向列车调度员提出开启隧道应急照明请求;列车调度员通知相关工务段操作开启隧道内的应急照明装置(如龙嘉机场隧道内应急照明装置为龙嘉站操作)。隧道内的应急照明装置应设置远动开关。

(5)遇上述应急状况发生时,由调度所客运调度员通知客服中心解答口径,以便客服代表回复旅客的咨询和投诉。

相关实训

分组,通过本项目"实训二　高速铁路车站应急处理实训任务工单"编写实训方案,落实现场处理主要环节及作业要点,分角色运用该任务相关知识进行角色扮演,模拟高速铁路车站其他异常情况的情境进行训练,各小组派代表进行总结汇报,小组互评、教师点评。实训中要求做到"教、学、做"一体化,提高学生运用理论知识解决实际问题的能力。

拓展提高

对车站独立控制模式、大站集中控制模式车站的综控(应急)操作员,必须认真学习《高铁中型及以上车站服务质量规范》,熟知并遵守有关规定。

1. 登录旅客服务系统集成管理平台有何规定?

答:综控(应急)操作员应使用本人用户名,登录旅客服务系统集成管理平台进行作业。在执行列车接发作业前,先确认旅客服务系统集成管理平台中本次列车计划是否已经生成;重点查看调度计划(列车运行信息)、客运计划、检票计划、广播计划和自动检票机状态。

2. 操作引导、广播、监控等系统设施设备有何规定？

答：按照旅客服务系统集成管理平台操作程序和规定，正确使用引导、广播、监控等系统设施设备。监控、引导广播计划自动执行情况及设备的运行状态，与各岗位工作人员作业过程进行联控、互控。

3. 执行广播计划有何规定？

答：监听广播计划执行情况，按时播报相关作业内容，确保信息及时、正确。根据作业要求及时调整广播内容，需要加播临时广播内容时，广播内容应符合有关规定，上报客运值班站长（主任）审批并通过后。人工播音时，做到语音亲切，发音准确，吐字清晰，音量适宜，无误播、错播、漏播。

4. 处理旅客求助有何规定？

答：正确处理旅客求助，做到响应迅速、处理及时。对无法自行处理的情况，及时通知相应岗位人员到场处理。

5. 使用视频监控系统有何规定？

答：使用视频监控系统对候车区（室）、售票处、站台等客运职场秩序状况和作业情况进行巡视，重点对旅客候车、检票、乘降、出站等处所进行全面监控，及时掌握客流和乘降秩序的变化情况，及早发现或做出预测；迅速将信息通报有关处所和部门，提前做好准备工作或采取应急处理措施。

6. 调图作业有何规定？

答：根据调图文电和客调命令，及时调整、核对旅客服务系统的客运组织业务模板。对次日客运组织计划进行核对，并由车站部门负责人审核把关，确保基础信息准确、完整。

7. 当班位置有何规定？

答：在列车运行秩序正常的情况下，车站可安排综控（应急）操作员在距离综控室较近的职场作业，保证遇有突发事件时能够及时返回综控室。

8. 遇非正常作业时，如何处置？

答：遇非正常作业时，按照操作程序和规定，根据接收的列车运行信息和客运作业变化情况，动态调整调度计划和客运计划，对车站旅客服务系统集成管理平台各功能模块进行操作。

9. 发现设备故障如何处置？

答：掌握设备运行状态，发现问题或故障应及时报告、报修、登记，确保旅客服务系统运行正常。

思考题

1. 车站遇恶劣天气应如何进行客运组织？
2. 遇车站发生重大疫情时应如何进行处理？

实训二　高速铁路车站应急处理实训任务工单

年　　月　　日

非正常情况类型						
实训目标	1.专业能力目标 (1)能说出高速铁路车站大客流和动车组列车晚点应急处理程序; (2)能说出动车组列车紧急停车和高速铁路车站火灾应急处理程序; (3)能解释旅客服务系统故障及高铁车站其他异常情况应急处理要求。 2.方法能力目标 (1)能综合运用高速铁路客运安全与应急处理专业知识,通过利用高速铁路客运安全与应急处理书籍、课件和图片资料获得帮助信息; (2)能根据实训项目学习任务确定实训方案,从中学会表达及展示活动过程和成果。 3.社会能力目标 (1)在实习训练中保持严谨,认真的学习态度; (2)增强学生的安全意识和遵守规章意识; (3)培养学生的竞争意识和挑战精神。					

岗位分工		作业环节	作业要点	组内自评	组内互评		
姓名	岗位				组1	组2	组3

注:1.高速铁路车站应急处理实训任务工单可根据实际情景进行增删设计。
　　2.组内自评满分10分;组内互评满分10分,让组员根据实训表现互相打分,取平均分。

相关规章

《高铁车站服务质量标准》(节选)
高铁小站部分

1　总则

树立"以人为本、旅客至上"的服务理念,坚持"安全第一、方便快捷"的原则,采用先进设备,依靠科学管理,创新服务方式,实现动车组列车(以下简称"动车组")"安全正点、设备良好、环境舒适、饮食卫生、服务文明"的质量目标。

2　安全

2.1　安全管理制度健全,非正常情况下的应急处置预案完善。有大面积晚点、启动热备车底及客运服务设备严重故障等非正常情况下的应急处置预案;应急处置预案有可操作性,分工、责任明确,处理程序、防范措施得当,并有针对性地定期开展应急演练。

2.2 安全设施设备齐全,作用良好;安全通道、出口畅通;安全标志齐全、规范明显。

2.3 配有危险品检查仪、安检门、手持金属探测仪等安全检查设备,对旅客携带品、小件寄存物品实施安全检查;对查没和列车移交的危险品按规定处理。

2.4 通过广播、揭示揭挂、电子显示等方式,宣传安全常识和使用车站设施设备的方法;提示旅客遵守安全须知,加强综合治理,及时清理站台,维护站内秩序。

2.5 车站实行封闭式管理。站台两端设置防护栅栏并有"禁止通行"标志。

2.6 灭火器、消火栓、烟雾报警、自动喷淋、防火卷帘门等消防设备齐全,性能良好。车站工作人员掌握消防知识,对消防器材做到知位置、懂性能、会使用。

2.7 安全使用电源插座,额定功率不应超过允许范围。公共区域的电源应保证旅客旅行生活的小型电器正常使用,不得私拉电线、违规使用电器。配电室(箱)锁闭,严禁堆放物品。

2.8 电梯有检验合格证和使用登记证,定期检验合格,保证正常使用。操作人员有操作证。

2.9 严格控制进站车辆,在站台上行驶的车辆限速10km/h,不得侵入安全线行驶。

2.10 跨线候车室窗户、天桥等处所有"禁止抛物"等相应的安全提示。

2.11 给水人员防护用具齐全,提前到岗接车,车停及时给水,确保始发车辆灌满水。对注水口处设有加锁式挡板门的动车组,给水人员在上水结束后,须锁闭挡板门并进行再确认。

2.12 按计划售票,时速300km以上动车组和直通动车组列车不得超员;管内商务座、特等座、一等座不得超员;二等座超员率不超过20%。

2.13 工作人员在接班前,要充分休息,保持精力充沛、精神饱满地为旅客服务,不得在接班前和工作中饮酒。需进入线路作业时,按规定路线行走,严格执行"一停、二看、三通过"制度。高空作业时,做好安全防护。

2.14 加强消防控制室、综控室、票据库等处所的管理,禁止闲杂人员出入。

2.15 发生人身伤害或突发疾病以及接收到列车移交的伤、病人员,积极采取措施,及时联系医疗机构救治。

项目四

高速动车组列车非正常情况应急处理

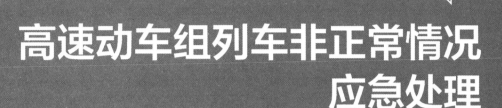

❁ 项目介绍

本项目主要介绍高速动车组列车非正常情况应急处理的相关基础知识。

◎ 教学目标

1. 知识目标

掌握高速动车组列车非正常情况应急处理的相关规定;重点掌握动车组列车严重晚点、动车组列车遇自然灾害的应急处理;掌握动车组列车设备故障、动车组列车行车事故、动车组列车突发事件、动车组列车应急设备操作等方面的要求。

2. 技能目标

能够按照规定处理高速动车组列车发生的非正常突发事件;能够处理基本的设备故障。

3. 素质目标

培养学生具备铁路客运员、列车长、列车员以及随车机械师等高速铁路客运岗位面对突发事件时随机应变的工作能力。

项目四—任务一简介

任务一　动车组列车严重晚点的应急处理

【案例4-1】 20××年×月×日，受京广高铁郴州西至乐昌东间大瑶山3号隧道下行线接触网故障影响，29趟动车组列车晚点。

【事故概况】 ×年×月×日受京广高铁郴州西至乐昌东间大瑶山3号隧道下行线接触网故障影响，29趟动车组列车晚点（图4-1）。其中，晚点超过4h的有5趟，超过3h的有12趟，超过2h的有2趟，超过1h的有5趟，在1h以内的有5趟。

图4-1　动车组列车严重晚点

【事故处置】 该事故的应急处理程序如下：

（1）信息报送及处置。全路客运调度设立专用电话并统一号码为铁路电话24814（呼和浩特44814），前面需要加各铁路局集团公司的铁路电话号码区号。

（2）动车组列车晚点10min及以上，列车调度员要及时通知客运调度员；动车组列车晚点15min及以上，客运调度员及时报告国铁集团客运调度员。

（3）列车晚点15min以上时，列车长根据调度、本段派班室（值班室）或车站的通报，向旅客公告列车晚点信息，说明晚点原因、晚点时间，做好安全宣传并广播向旅客致歉。每次广播间隔不超过30min。

（4）动车组列车晚点30min以上（严重晚点）时，列车长要立即向本单位值班室报告。站段值班室要将晚点列车运行情况（车内旅客人数、重点旅客情况、餐料油料用水情况）及时上报客运调度员。

（5）动车组列车晚点1h以上且逢用餐时间，列车员应提前统计车上旅客人数，直接向客运调度员报告，客运调度员安排前方停站为列车提供餐饮食品。

一、动车组列车严重晚点处置程序

动车组列车严重晚点时，列车乘务人员应积极做好宣传解释工作，取得旅客谅解，并做好如下工作：

（1）组织赶点。晚点时加快旅客乘降、补水、补料、快件装卸等作业。

（2）旅客联程。尽量解决晚点旅客的联程接续问题，做好站车交接及旅客退票、改签工作。

（3）主动服务。与当地客运调度员和停留站联系，报告车内情况，请求协助解决饮食、急病等问题，主动做好相关服务。

（4）线路中断。返回发站、中途退票、绕道运输、等候恢复等相关业务的处理。

二、动车组列车晚点的宣传口径

(一)动车组列车晚点 15~30min 内的宣传口径

1. 临时停车(15min)

宣传口径:"动车组列车临时停车,原因待查。"

2. 发生动车组列车车辆故障无须换乘,但预计晚点时间较长时

宣传口径:"受车载信息系统故障影响。"

3. 发生动车组列车车辆故障确认需要换乘时

宣传口径:"受动车组列车故障影响。"

4. 因动车组列车撞异物临时停车时

宣传口径:"受前方列车晚点影响。"

(二)动车组列车晚点 30min 以上的宣传口径

1. 发生各类设备故障,预计动车组列车晚点在1h内

宣传口径:"受前方列车晚点影响。"

2. 发生弓网故障,预计动车组列车晚点超过1h

宣传口径:"受前方电网设备故障影响。"

3. 发生道岔故障,预计动车组列车晚点超过1h

宣传口径:"受××站道岔故障影响。"

4. 发生地方停电造成线上动车组列车沿途摆放,预计晚点时间超过1h

宣传口径:"受××地区停电影响。"

5. 发生动车组列车因大雪、大风等原因晚点或降速运行时

宣传口径:"受××地区天气影响。"

6. 发生动车组列车因地震(地质灾害)原因晚点或降速运行时

宣传口径:"受××地区地震(地质灾害)影响。"

7. 发生动车组列车因台风原因晚点或降速运行时

宣传口径:"受××号台风影响。"

8. 发生动车组列车空调故障时

宣传口径:"受空调系统故障影响。"

三、列车晚点通告模板和宣传用语模板

(一)列车广播通告模板

1. 因自然灾害造成列车晚点时,列车广播通告模板

旅客们:

我是××次列车列车长,受××(降雨、降雪、大雾、雾霾、大风、洪水、山体滑坡、泥石流……)影响,列车现在大约晚点×小时×分。请您谅解。

2. 因自然灾害造成列车降速运行并晚点时,列车广播通告模板

旅客们:

我是××次列车列车长,受××(降雨、降雪、大雾、雾霾、大风、洪水、山体滑坡、泥石流……)影响,为确保旅行安全,列车需降速运行。列车现在大约晚点×小时×分。请您谅解。

3. 因自然灾害造成线路中断,列车晚点时列车广播通告模板

旅客们:

我是××次列车列车长,受××(洪水、山体滑坡、泥石流……)影响,前方线路中断,铁路部门正在积极组织抢修(列车停车时还需广播:列车现在停车等候通车)。因此,列车大约晚点×小时×分。请您谅解。

4. 因自然灾害造成线路中断,列车绕道运行时,列车广播通告模板

旅客们:

我是××次列车列车长,受××(洪水、山体滑坡、泥石流……)影响,前方线路中断,铁路部门正在积极组织抢修。本次列车将绕经××线、(××线……)运行。请票面到站为××站、(××站……)的旅客在××站下车办理退票手续。请您谅解。

5. 因自然灾害造成线路中断,列车中途停止运行时,列车广播通告模板

旅客们:

我是××次列车列车长,受××(洪水、山体滑坡、泥石流……)影响,××至××线路中断,铁路部门正在积极组织抢修。列车将在××站停止运行。请去往××站以远的旅客在前方停车站下车办理退票手续。请您谅解。

6. 因铁路交通事故、设备故障等造成列车晚点时,列车广播通告模板

旅客们:

我是××次列车列车长(××站站长),因××原因,列车现在大约晚点×小时×分。给您造成的不便,向您表示诚挚的歉意。

7. 因铁路交通事故、设备故障等造成线路中断,列车晚点时,列车广播通告模板

旅客们:

我是××次列车列车长,因××原因,前方线路中断,铁路部门正在积极组织抢修(若列车停车时还需广播:"列车现在停车等候通车")。因此,列车大约晚点×小时×分。给您造成的不便,向您表示诚挚的歉意。

8. 因铁路交通事故、设备故障等造成线路中断,列车绕道运行时,列车广播通告模板

旅客们:

我是××次列车列车长,因××原因,前方线路中断,铁路部门正在积极组织抢修。本次列车将绕经××线、(××线……)运行,请票面到站为××站、(××站……)的旅客在××站下车办理退票手续。给您造成的不便,向您表示诚挚的歉意。

9. 因铁路交通事故、设备故障等造成线路中断,列车中途停止运行时,列车广播通告模板

旅客们:

我是××次列车列车长,因××原因,××至××线路中断,铁路部门正在积极组织抢修。列车将在××站停止运行。请去往××站以远的旅客在前方停车站下车办理退票手续。给您造成的不便,向您表示诚挚的歉意。

(二) 对外宣传模板

1. 部分列车晚点时

因××(降雨、降雪、大雾、雾霾、大风、洪水、山体滑坡、泥石流、铁路交通事故、设备故障……)原因,××、(××、××……)线路部分列车晚点。具体车次如下:××次、××次……。铁路部门提醒旅客们关注。具体信息详见车站公告或拨打12306铁路客服中心电话咨询。

2. 线路中断时

因××(降雨、降雪、大雾、雾霾、大风、洪水、山体滑坡、泥石流、铁路交通事故、设备故障……)原因,××、(××、××……)线路中断,铁路部门正在积极组织抢修,预计(×日)×时恢复通车。

晚点列车车次如下:××次、××次……。

3. 发生事故时

因××(洪水、山体滑坡、泥石流、铁路交通事故……)原因,××、(××、××……)线路在××区段发生××事故,目前无人员伤亡,铁路部门正在积极组织抢修(救援)。(涉及停运、迂回等按上述(二)"2.线路中断时"办理)

相关实训

2002年3月5日14时24分,宜昌至广州的L357次旅客列车晚点7h到达石湾站。由于晚点加上该站长时间滞留,部分旅客情绪激动,纷纷下车进入邻线股道企图拦停列车,因躲避不及被天津开往广州的K253次列车刮倒,当场死亡6人,途中死亡1人,经抢救无效死亡1人,伤4人。

1. 对于以上案例,通过本项目"实训三 高速铁路动车组列车非正常情况应急处理实训任务工单"编写实训方案,如果你是列车长,在面对情绪激动的旅客时,你该怎样安抚?

2. 遇有动车组列车严重晚点,终到站后,旅客不同意下车时,你该怎么办?

相关规章

《旅客列车运行组织及晚点处置办法》

(节选自某铁路局集团公司文件)

第二章 组织领导

……

第四条 集团公司成立旅客列车晚点应急处置领导小组,由主管运输副总经理任组长,总调度长、公安局主管副局长任副组长,成员由集团公司办公室、运输部、客运部、科技和信息化部(总工程师室)、经开部、车辆部、机务部、工务部、电务部、供电部、宣传部、公安局、信息技术所、调度所等部门负责人组成。应急指挥办公室设在集团公司调度所,旅客列车晚点应急处置领导小组主要职责:

1. 统一领导、指挥旅客列车晚点应急处置工作;
2. 负责集团公司相关部门之间的沟通协调;
3. 决定向上级部门、地方应急机构请求协调支援和报告;
4. 决策有关紧急事项,研究对外新闻发布的统一口径。

第五条 旅客列车晚点应急处置领导小组下设运力协调组、客运组织组、治安维稳组、新闻处置组、交通接驳组、后勤保障组。各专业组职责如下:

1. 运力协调组:由运输部牵头,调度所、机务部、客运部、车辆部等部门派人参加。负责发布旅客列车晚点预警信息,组织落实旅客列车加开、停运、赶点等行车具体工作。

2. 客运组织组:由客运部牵头,相关站段等单位(部门)负责人参加。负责晚点旅客列车的客运组织和应急处理,做好站车滞留旅客的组织疏导、安抚解释和相关服务工作。

3. 治安维稳组:由公安局牵头,相关公安处(派出所)、站段负责人参加。负责与地方公安部门建立日常联系机制,负责行车重点部位看护、现场秩序的维护及人员疏散工作,负责现场违法犯罪人员的查处工作。

4. 新闻处置组:由集团公司党委宣传部(企业文化处)牵头,集团办、相关站段党委、××铁道报社、××电视台等部门负责人组成。负责按照集团公司旅客列车晚点应急处置领导小组的要求,协调组织宣传报道和对外新闻发布工作。

5. 交通接驳组:由客运部牵头,相关站段负责人参加。负责与地方公交部门建立日常联系机制,负责协调和落实列车晚点情况下的交通接驳方案,对滞留旅客进行有效、快速疏导。

6. 后勤保障组:由客运部牵头,经营开发部、相关站段、相关非运输企业负责人参加。负责制定旅客列车晚点情况下的旅客饮食供应方案,组织相关站段、非运输企业做好旅客饮食供应工作。

第六条 各客运站段应建立以站段长为组长,相关科室以及车站公安所、多元、物业等单位为组员的地区晚点列车应急处置小组。晚点列车应急处置小组要做到分工明确、责任明确、处置要求明确,确保联系渠道畅通,反应迅速。

第三章 信息报送及处置

……

第七条 全路客运调度设立专用电话并统一号码为24814(呼和浩特局为

44814),用于各铁路局集团公司客运调度之间、列车长与客运调度之间列车晚点信息通报和突发情况处理有关事项的联系。

第八条 列车调度员负责盯控旅客列车正晚点情况。重点列车发生晚点、动车组晚点 10 分钟及以上、其他旅客列车晚点 15 分钟及以上时,列车调度员要及时通知客运调度员(客服调度员,以下统称为客调)。同时列车调度员应将运行调整计划传递到相邻铁路局调度台,并积极组织恢复正点;根据晚点列车终到情况,及时编制折返列车始发计划;高铁及客运专线应编制当日全天晚点列车运行调整计划,因调整时限过长不能通过 CTC 下达的,口头或填发集团公司旅客列车晚点情况汇总表,通知相关部门和岗位。

第九条 客调要主动掌握旅客列车正晚点情况。重点列车发生晚点、动车组晚点 15 分钟及以上、其他旅客列车晚点 30 分钟及以上时,要及时报告中国国家铁路集团有限公司客调。

第十条 发生自然灾害中断线路行车;发生行车事故或设备故障,预计 1 小时内不能处置完毕;动车组列车晚点 30 分钟并 5 列以上;普速旅客列车晚点 1 小时并 10 列以上;发生旅客阻挠列车开车、滞留车厢(车站)、聚集站台拒不出站等群体性事件时,根据以下分工通知相关部门:

1. 由调度所值班主任负责向调度所生产主任、调度所主任、运输部(副)主任、客运部(副)主任、安监室(副)主任、总调度长报告,并通报应急指挥调度台、集团公司应急办、宣传部、安监室、公安局等部门值班人员。

2. 机调、电调、辆调或动调、电务调度、工务调度,应分别通知机务、供电、车辆、电务、工务部门有关领导。同时,应急指挥台值守人员通知相关专业应急人员到岗到位。

3. 客调负责通知客运调度主任。同时以调度命令的形式及时通报管内各相关单位,说明晚点原因并提出工作要求。

4. 影响重点列车正点运行时,调度所值班主任直接向集团公司相关领导汇报。

5. 应急指挥调度台值守人员要对通知、报告情况进行详细记录。

第十一条 列车晚点通报流程。

1. 动车组列车晚点 15 分钟及以上、其他旅客列车晚点 30 分钟及以上时,要公告旅客。

2. 客调接到列车调度列车晚点信息通报后,要及时向该列车管内停车站及集团公司客户服务中心通报(以调度命令形式下达)。集团公司担当的列车还应向客运担当单位值班室(派班室)通报,担当单位值班室(派班室)应及时通知列车长;外局担当的列车还应向担当局客调通报。在晚点列车列车长询问时,应向列车长通报。

3. 车站应根据客调通报,旅客列车列车长应根据客调或本单位值班室(派班室)、车站的通报,向旅客公告列车晚点信息,说明晚点原因、晚点时间,做好宣传解释、安抚和服务工作。向旅客通报时,站车广播每次间隔不超过30分钟,有条件的车站应提供实时电子显示,电话、语音系统查询。

第十二条 旅客列车晚点影响较大时,客运部在接到调度所列车晚点信息通报后,应与集团公司宣传部联系,联合商定宣传口径后由客运部客服中心客服台向集团管内相关站段传达,并在12306网站上公布相关信息。

旅客列车晚点未造成较大影响,且未接到客运部下达的宣传口径时,由站段晚点列车应急处置小组按照以下规定确定宣传口径,并组织做好宣传解释、安抚和服务工作:

动车组列车晚点15～30分钟内时,按照《动车组列车15～30分钟内的晚点宣传口径》(附件1-1)执行;动车组列车晚点30分钟以上时,按照《动车组列车晚点30分钟以上的晚点宣传口径》(附件1-2)执行。

第十三条 晚点通告、宣传用语。

1. 列车晚点通告模板和宣传用语模板见附件(附件1-3)。

2. 设有广播系统的车站,应将列车晚点广播通告模板录入广播系统;设有对外宣传大屏的车站,应将对外宣传模板录入后台系统,以便旅客列车晚点时车站广播通告、对外宣传能立即调用,及时做好晚点信息通报,稳定旅客情绪。

3. 值班站长、列车长、站车广播员应熟练掌握列车晚点广播通告模板,根据下达的统一宣传口径,通告列车晚点原因,做好相关应急处置工作。必要时,站车客运人员应比照此模板做好旅客宣传解释工作。

第十四条 站车遇有严重晚点时(动车组列车晚点30分钟以上、其他列车晚点2小时以上),列车长或客运值班员要立即向本单位指挥中心(值班室)报告。指挥中心(值班室)要将晚点列车运行情况(车内旅客人数、重点旅客情况、餐料油料用水等情况)或车站客流积压情况(晚点列车售票、候车人数,重点旅客等情况)及时上报客调。

第四章 运 输 组 织

第十五条 遇列车晚点时,客调要积极与列车调度配合,指导前方停车站加快旅客乘降、补水、补料、行包和邮件装卸等作业,积极组织恢复列车正点,追查和记录列车晚点原因。发生大面积晚点时,与客运部协商提出列车折返、迂回、停运、换乘、并线建议方案,推算车底交路和列车停运日期,确定方案报中国国家铁路集团有限公司批准后(管内除外),及早公布。

第十六条 机车调度员要准确掌握旅客列车运行状态和客运机车使用情况。遇旅客列车迂回运行时,要掌握迂回区段使用的机车型号与客车车底是否匹配、是否直供电、双风管等因素。机车乘务员(动车组列车司机)要按照规定速度运行。发生晚点时,在确保安全的前提下,减少晚点时分或恢复列车正点。

第十七条 工务部门要认真制订施工方案,发生施工延点时,要组织有关单位进行分析,查找原因,制定整改措施。对病害限速区段要及时整治,减少对列车运行的影响。

第十八条 直通旅客列车晚点2小时以上的视为严重晚点列车,列调和客调应予以重点掌握,采取有效措施组织赶点,尽量减少晚点时间。

第十九条 发现线路中断造成旅客列车受阻时,调度所要用最短的时间将旅客列车调离危险区段。列车必须在中途停留时,应当尽量将旅客停留在客运较大车站或城镇所在地车站,以方便解决旅客的饮食和急病救治。

第二十条 客运票务管理部门要加强售票组织,根据具体情况及时调整相关票额;必要时控制客流积压方向的车票发售,为车站售票组织提供保障。

第二十一条 站车工作人员必须掌握旅客列车晚点情况,遇旅客询问时,应耐心细致回答,不得使用"不知道""没点"等不负责任言语或有不耐烦表现。

第二十二条 车站应加强广播宣传和引导揭示,通过电子引导系统滚动发布列车信息,告知旅客晚点情况和最新消息;旅客列车受阻不能继续运行或停运时,要做好宣传解释工作,取得旅客谅解。

第二十三条 车站组织晚点列车的旅客乘坐其他列车时,同方向、同到站的其他后续列车有能力时,车站应在取得旅客同意的前提下做好车票改签工作。旅客来不及改签时,车站应提前联系列车,编制客运记录做好站车交接,列车应配合车站妥善安排旅客。高席别旅客乘坐低席别时,列车应编制客运记录,到站退还票价差额。对终止旅行的旅客,按规定迅速为旅客办理退票和行李、包裹变更运输手续。对折返和停运的列车,列车各营业站要增配人力,准备资金,快速为有需要的旅客办理退票、改签手续。

第二十四条 车站必须妥善安置好晚点列车旅客的候车。候车室必须有足够的客运人员值守,随时解答旅客疑问和咨询,做好饮食和饮用水供应等服务、安抚工作,督促保洁人员做好候车室卫生清洁工作。对情绪激动和有过激行为的旅客,要及时予以劝解和制止。

第二十五条 旅客大量积压时,车站要合理有序安排候车能力,不得发生车次混候、旅客拥挤现象;坚持旅客凭票候车、分时段候车,控制候车室内旅客集结数量。

第二十六条 旅客列车大面积晚点时,车站要合理安排进出站口、地道、天桥等旅客通道处力量,加强引导,防止旅客对流和发生挤伤、踩踏事故;加强现场组织,采取分段截留、提前预剪、专人带队、分批乘降等组织方式,做到乘降有序。

第二十七条 情况紧急时,车站应迅速将旅客和列车滞留情况向地方政府汇报,请求支援,采取异地候车或其他交通工具疏运等方式妥善处置。

第二十八条 动车组列车晚点30分钟以上时,车站值班领导必须到车站综控室靠前指挥;遇群体性事件时,车站值班领导和派出所值班所长必须到现场指挥。

第二十九条 旅客列车全体乘务人员应坚守岗位,加强车门管理和车内巡视,做好宣传解释,提供优质服务,确保设备使用正常;做好饮食和饮用水供应,维持好车内秩序,稳定旅客情绪,防止旅客跳车。列车长要掌握旅客人数、去向和行包(邮)装载情况,并向客运段指挥中心(值班室)或集团公司客调了解晚点原因,报告车内情况,必要时请求支援。

第三十条 在客运站长时间滞留时,遇旅客提出取消行程、应急送餐或下交疾病旅客等紧急情况需临时开启车门时:

1. 列车长应及时与司机(动车组列车还需与随车机械师)沟通,视情况做出开门决定并明确开门位置,通知司机转报列车调度员(非集控站报车站值班员);同时通知车站客运值班员开门决定及开门位置。动车组列车重联时,由前组列车长负责相关联控事宜。

2. 车站接到列车长开门决定及开门位置通知后,应安排客运人员提前到达站台指定开门位置。滞留站站台为低站台时,车站应准备乘降设施并做好旅客下车后的后续处置;列车长应确认下车人数,开具客运记录,做好站车交接。

3. 列车长组织列车员打开指定位置车门(动车组列车在随车机械师的配合下),并将开启的车门进行隔离操作。客运乘务员应会同铁路公安民警(列车专职安全员)做好开门处的秩序维护及盯控,防止其他旅客下车。

4. 旅客乘降完毕或餐食配送完成后,客运乘务人员应及时关闭车门,由列车长通知司机和车站客运值班员(动车组列车还需通知随车机械师),司机同时转报列车调度员(非集控站报车站值班员)。

第三十一条 站车公安警务人员要积极做好秩序维护工作,防止矛盾激化,防止旅客聚众闹事。列车铁路公安民警遇事态扩大时,应立即向上级公安机关报告,并积极与驻站民警取得联系,请求支援。车站派出所要积极配合滞留站内列车铁路公安民警维护好车内秩序,必要时配合列车组织旅客疏散到车站安全地带候车。车站接到到站旅客列车晚点需要接车的通知后,车站站长、派出所所长须带领客运、公安人员到站台接车,组织旅客下车出站,并做好向旅客致歉、解释工作。站台执勤民警要协助车站工作人员制止旅客横越股道、滞留站场、侵入站台安全线等违章行为。

第三十二条 发生旅客不听劝阻蓄意聚众闹事、阻扰列车开行、滞留列车不下车,影响正常运行秩序或发生其他可能危及旅客生命财产安全和铁路运输生产安全等违法犯罪行为,应重点做好以下工作:

1. 车站、派出所值班领导应立即赶往现场,亲自指挥,并及时向客调、客运部和公安处主要领导汇报;必要时,客运部、公安处指派人员到场指挥应急处置工作。

2. 站、车应区分旅客不同情况,分头耐心说服劝解、诚恳道歉,并做好解释安抚和相关法律法规的宣传工作,稳定旅客情绪;对需要重点帮助的旅客提供相应服务,尽力取得旅客的理解和支持,有序组织和引导旅客下车出站。

3. 车站对有诉求或不满情绪的旅客,指定专人负责接待,现场受理旅客诉求,登记基本情况,并引导到指定地点,进行分组疏导、隔离劝说,按章妥善处理。

4. 派出所要组织足够警力,维持现场秩序,积极配合客运部门做好安抚解释、劝解疏导等工作。同时,对行为过激的旅客宣讲法律法规,重点宣讲《旅客滞留车厢的宣传词》《晚点列车相关法制宣传词》(见附件5、附件6)。对经反复劝阻无效,且阻扰动车组列车开车达10分钟以上、滞留动车组列车达30分钟以上或阻扰普速旅客列车开车达30分钟以上、滞留普速旅客列车达1小时以上,或出现打砸设备、冲击站车等过激行为的,应按照相关法律法规,由公安民警将行为过激人员强制带离,及时对车底进行安全检查,清理现场、线路障碍物,并通报运力协调组尽快开通线路。

5. 遇事态扩大时,应立即向上级公安机关汇报请求支援。

第三十三条 集团担当的旅客列车在外局发生晚点时,可与当地铁路局客调和列车停留站取得联系,了解晚点原因等情况,报告车内情况和请求协助解决的问题,组织乘务员积极主动做好相关服务工作。

第三十四条 站车应重点做好广播致歉和解释宣传工作,认真核对广播内容并根据实际情况适时调整广播内容;中转换乘车站应广播引导需要中转换乘的旅客改乘其他交通工具,减少后续列车客运组织压力。

第三十五条 本线及接续线各车站均应在本站图定最后一列客车开车后安排客运人员值守,做好后续临时安排旅客列车停站时的旅客乘降和退票改签工作。

第五章 新闻处置

第三十六条 发现网络关注度较高或新闻媒体介入旅客列车晚点事件时,车站必须指派一名领导负责接待并立即上报集团公司宣传部。集团公司宣传部立即部署、指导相关站段党委做好现场记者的接待协调工作,并迅速了解晚点情况,统一口径,拟定新闻通稿,经集团领导审核同意后,组织对外发布;同时,负责做好媒体沟通与舆情监控处置工作。

第三十七条 新闻处置组应及时向集团公司调度所、客运部、公安处和其他相关单位收集列车晚点基本情况,以及列车晚点后的站车秩序、客运组织、旅客安置等动态情况。

第六章 后勤保障

第三十八条 车站和非运输企业要积极做好旅客的饮水及食品供应,加强对客运场所商业网点的监管,严禁加价销售食品、商品;列车要积极做好旅客饮食供应工作,需要车站支援时,应向集团公司客调或所在局客调汇报。普速旅客列车同时注意节电、节油,确保列车供电正常。

第三十九条 车站应结合实际情况,并综合考虑春暑运、小长假、恶劣天气等因素,按照"实物储备、协议储备、信息储备"等方式,合理选择储备方式,做到统筹兼顾、保障供应、避免积压。实物储备是指为应对突发事件,事先采购物资并进行实物保管的储备方式。协议储备是指由车站与供应企业协商,委托供应企业储备应急物资的储备方式。信息储备是指按采购权限收集掌握部分应急物资供应商联系方式及其物资库存情况,以备在既有物资库存储备不足时,迅速组织应急采购。

第四十条 线路短时间不能开通时,成立由主管运输副总经理牵头、有关部门参加、车站站长具体负责的协调小组,专门负责及时向集团管内保留旅客列车补充食品、饮用水、发电车用油、燃煤锅炉用煤以及安排列车补水、吸污等工作;及时掌握旅客动态,协助列车长解决旅客的困难。

第四十一条 对长时间滞留在车站的旅客列车,车站要积极配合列车做好饮用水、饮食供应等保障工作,协助列车长解决旅客困难。

第四十二条 遇需要非运输企业提供食品时,相关非运输企业应根据车站提供的旅客饮食需求计划,及时将应急食品送至现场,并配合站、车有秩序地向旅客免费供应。

第四十三条 原则上直辖市、省会城市和计划单列市所在地主要高铁大站为一级应急供应站,应保证在30分钟内供应不少于5000份应急饮食品;直辖市、省会城市和计划单列市所在地非主要高铁大站,以及地级市所在地主要车站为二级应急供应站,应保证在30分钟内供应不少于2000份应急饮食品;地级市所在地非主要车站和县级以上所在地高铁车站为三级应急供应站,应保证在30分钟内供应不少于1000份应急饮食品;其他车站为四级应急供应站,应保证在30分钟内供应不少于500份应急饮食品。

第四十四条 遇灾害多发季节或接到海事部门通知将受台风影响时,相关单位须高度重视,提前预想。站车须做好应急食品储备,增备应急药品等,同时加强检查,确保数量充足,食品、药品均在有效期内;客运专线车站应急食品储备量,根据实际情况按日常2倍及以上量动态储备。列车上要配备应急灯和扩音器等应急备品;普速旅客列车要增备易于存放的食品、饮用水以及必要的非处方药品;车务站段要与当地超市或食品加工单位建立供应机制,签订安全协议,遇情况严重、滞留列车多时,积极配合列车做好餐料、饮用水等补给工作。

第四十五条 动车组列车应急饮食品供应。

因铁路交通事故、设备故障、自然灾害等影响,造成动车组列车晚点1小时以上且逢餐点(11:30—13:00、17:30—19:00)的,列车向旅客提供免费饮食品。饮食品应为易于储存、保质期较长的预包装食品,原则为饼干、面包、八宝粥、饮用水、火腿肠等,不宜提供方便面等冲泡食品。每人每份成本应不超过10元。

1. 符合免费供应条件时,列车长可向属地铁路局集团公司客运(客服)调度提出应急饮食品供应申请(内容包括车次、定员、现员、需求份数,重联时应分前后组),需求量不应超列车现员的110%。

2. 铁路局集团公司客运(客服)调度接到列车长饮食品供应请求后,应及时下发调度命令,安排具备应急供应条件的前方图定停站或列车滞留站,做好饮食品供应工作;特殊情况下,可安排在具备应急供应条件的临时停车站。同时,调度将安排计划及时反馈提出需求的列车长。原则上应为前方应急供应站或滞留车站预留不少于30分钟准备时间。

3. 车站接到调度命令后,应立即组织开展供应组织工作,饮食品应提前摆放至列车停靠站台的动车组列车餐车车厢位置,重联编组列车应分别摆放在前后列餐车车厢位置。

4. 站车应快速做好数量清点、搬运和交接工作。车站应填写并向列车长提供《动车组列车应急饮食品交接单》(见附件7),详细记录供应车站、日期时间、车次、供应品类、实际供应数量等信息,并经列车长和客运值班员双方签字确认,加盖名章。车站将有关作业情况及时向铁路局集团公司客运(客服)调度报告。

5. 列车接收到饮食品后,应按照"先重点、后普通"的原则,组织客运、餐服、保洁等人员向旅客免费有序发放。

第四十六条 《动车组列车应急饮食品交接单》(一式四联),甲联由车站所属铁路局集团公司留存;乙联由车站留存;丙联由客运段所属铁路局集团公司留存;丁联由客运段留存。各客运站车应妥善保管调度命令、《动车组列车应急饮食品交接单》和相关票据等。

因接到集团公司书面通知解决晚点列车滞留旅客的饮食供应问题发生费用时,站段应保存好相关通知、调度命令、票据和签认记录,每季度汇总统计一次报集团公司,由集团公司客运部审核后,交财务部予以清算。与外局发生的应急食品供应费用按相关规定相互清算。

第四十七条 各站段应根据本单位实际情况,与相关站段建立日常联动机制,妥善处理列车晚点造成的换乘等问题;各车站应根据本站实际情况,建立与当地政府和公交部门的日常联动机制,确保应急交通工具及时到位;各车站公安派出所应根据本站实际情况,与当地政府公安机关建立日常联动机制,确保应急力量随时到位。

第七章 责任考核

第四十八条 发生旅客列车晚点处置不当,或因工作失职影响处置,造成不良影响的,集团公司将通报批评并按照相关规定考核。

第八章 附 则

第四十九条 各相关部门、站段应针对因大面积旅客列车严重晚点带来的旅客安全保护、旅客饮食供应保障、影响行车问题排除、行车方案调整、正确及时向媒体发布信息等问题制订应急预案,做到问题发生时,责任明确、反应迅速、处置及时。

任务二 动车组列车超员的应急处理

【案例4-2】动车组列车因车厢超员无法开行

【事故概况】2019年1月21日,从苏州开往上海的G7209次列车,疑因列车超员无法开行。列车员极其无奈地广播:"旅客们,本次列车已无力运行,请各位'买短乘长'的旅客抓紧时间下车。"(图4-2)但是旅客依旧无动于衷。

图4-2 "买短乘长"致火车超载

【事故分析】中国铁路12306客服回应,列车确系因超员无法开行,主要原因是"买短乘长"的旅客太多造成的。据媒体报道,这样的高铁超员停运并非首例,之前的一些热门档期都发生过类似的情况:×年国庆期间,G108次、G402次列车都出现过车厢被无票旅客挤爆,导致列车无法运行的状况。

按照《动车组列车旅客运输管理办法(暂行)》的规定,动车组直通列车不得超员,铁路局集团公司管内一等座车不得超员,短途动车组二等座车最高超员率为20%。因为严重的"超载"有可能压死列车弹簧,导致列车无法运行。

之所以允许短途动车组二等座车适度超员,是因为铁路运输能力不能满足所有旅客出行的迫切需求,在运输能力非常紧张,线路、设备能力已经饱和的情况下,以确保旅客安全为前提,提供少量无座车票,允许适度超员,这从社会成本方面来讲是可取的。

铁路部门对列车超员率有严格的上限,各铁路局集团公司必须严格按照规定执行,在保证动车组列车安全和服务质量的前提下适度超员。而事实上,超员并不是趟趟超员,如发车时间较早的列车就可能还不满员,超员只是在某些高峰时段出现。

图4-3 动车组列车超员

动车组列车超员(图4-3)有关规定:

(1)设计速度300km/h动车组列车不允许超员;复兴号中国标准型动车组全程不允许超员,不得接受车站放行的无票旅客,铁路职工需持公免票号签证乘车。超员预警或报警时人机界面(HMI)车门状态界面显示超员预警或者报警状态(图4-4)。绿色为该车厢配员正常,黄色为超员预警,红色为超员报警。

(2)设计速度200~250km/h动车组列车的商务座、特等座、一等座不超员;CRH2C型动车组列车及CRH380A型列车6号车厢不超员,其他二等座超员率不大于15%。

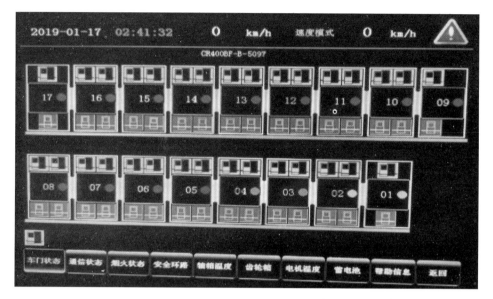

图 4-4　超员预警或报警显示屏状态

列车长要加强车内巡视,及时掌握车内旅客动态。动车组列车发生 2 节及以上车厢车载超员报警时(图 4-3),列车长要立即向客运调度报告,同时组织对车内旅客进行疏导,做到均衡乘车。

相关实训

分组,通过本项目"实训三　高速铁路动车组列车非正常情况应急处理实训任务工单"编写实训方案,落实现场处理主要环节及作业要点,运用该任务相关知识进行角色扮演,模拟动车组列车超员的情境进行训练,各小组派代表进行总结汇报,小组互评、教师点评。实训中要求做到"教、学、做"一体化,提高学生运用理论知识解决实际问题的能力。

任务三　动车组列车遇自然灾害的应急处理

项目四—任务三简介

【案例 4-3】×年×月×日,京广线湖北境内,因强降雨影响造成设备故障,导致经过该路段的列车不同程度的晚点。

【事故概况】×年×月×日,因湖北境内强降雨影响造成设备故障,造成经过该路段列车不同程度晚点,G5××次列车因晚点导致在孝感附近停车近 5h,旅客情绪激动。

【事故处置】该事故的处置情况如下:

(1)出乘检查。动车组列车值乘班组出乘前,掌握担当列车经由线路沿线天气情况,增加一定数量的饮食保障供应。重点检查应急手电和应急扬声器等

应急备品以及药箱药品的配备情况。

(2) 接受指令。列车长随时注意接收客运调度员或上级主管部门发布的关于恶劣天气(含暴雨、大雾、大雪、冰雹、台风等)的信息;由此影响动车组列车正常运行时,及时按照上级要求公告旅客并致歉。

(3) 及时汇报。列车长需要全面了解列车内情况,若发现异常情况应及时向客运调度员和上级主管部门报告。报告内容包括时间、车次、地点、灾害情况、列车现况(列车编组、旅客人数、重点旅客等);若有车辆破损或人员伤亡时,应根据需要请求救援。

(4) 保持联络。列车长应与司机及滞留地所在铁路局集团公司客运调度员保持联络,了解动车组的运行情况,并广播及时告知旅客灾害情况,以稳定旅客情绪。

(5) 餐食补充。当列车滞留时间过长,需补充餐食和饮用水时,列车长应向滞留地所在铁路局集团公司客运调度员或通过司机向列车调度员报告,指定车站为动车组列车补充餐食和饮用水。如旅客需免费供餐服务时,列车长应提前统计车上旅客人数,直接向客运调度报告;客运调度安排前方停车站为列车提供饮食品。

(6) 加强巡视。列车工作人员应加强车厢巡视,做好解释安抚工作,稳定旅客情绪。

(7) 组织疏散。需要组织旅客撤离列车时,列车长应和司机、铁路公安民警、随车机械师共同商定疏散方案,并告知全体工作人员,进行分工,组织旅客有序疏散到安全地带。组织旅客撤离列车时,列车长要提前通过广播告知旅客撤离方案,合理安排工作人员,做好引导、防护、宣传等工作,确保旅客安全。

动车组列车遇自然灾害中断行车(图4-5)时的应急处置,必须知晓如下相关知识:

(1) 了解情况:及时汇报客运调度员,了解前方线路情况,包括线路中断原因及线路恢复时间。

(2) 及时通告:因恶劣天气导致列车停车30min以上的,列车长应及时广播通告旅客晚点原因及预计晚点时间。

(3) 安抚旅客:组织列车员积极巡视车厢,解决旅客疑虑,安抚旅客情绪。

(4) 主动服务:与当地客运调度员和停留站联系,报告车内情况,请求协助解决饮食、急病等问题,主动做好相关服务。

(5) 旅客联程:尽可能解决晚点旅客的联程接续问题,特别是做好站车交接及旅客退票、改签工作。

(6) 线路中断:组织进行返回发站、中途退票、绕道运输、等候恢复等相关业务的处理。

图 4-5 动车组列车遇自然灾害中断行车

相关实训

×年×月×日,因雨雪恶劣天气,淄博地区部分旅客列车受到影响。T39×次列车因雨雪导致晚点,临时停车时旅客情绪激动且纷纷要求下车。

(1)根据以上案例,通过本项目"实训三 高速铁路动车组列车非正常情况应急处理实训任务工单"编写实训方案,假设你是当班列车长,面对情绪激动的旅客,你应怎样安抚?

(2)假设你是此次列车第二天当班列车长,你如何做好准备工作?

相关规章

《高速铁路客运非正常情况应急处置办法》
(节选自某铁路局集团公司文件)

第二章 应急处置程序

……

第七条 动车组列车运输秩序异常的应急处置程序

……

二、信息报送

1.遇突发事件影响行车时,列车乘务人员迅速利用对讲机将事件概况向列车长汇报;列车长在第一时间向本务机车司机和随车机械师了解交换有关情况,并将事故概况向客调、段安全生产指挥中心和本车队汇报。信息报告须及时、准确、真实、全面。报告内容包括:

(1)发生自然灾害时的通报内容:①灾害发生时间、地点(区间、行别、里程);②灾害地段能否正常行车;③是否影响邻线;④行车设备损毁情况;⑤行车限制条件。来不及全部了解时,应先通报第①至③项内容。

(2) 段安全生产指挥中心接到列车长报告后,值班人员迅速了解事件的原因、性质,指导现场果断处理;依据事件的性质及时向主管(值班)领导汇报,并加强与现场的联系,掌握现场动态,及时请示报告,按照命令、指示要求,迅速准确落实上情下达、下情上报及协调工作。

……

六、动车组列车晚点的处置程序

……

10. 动车组列车值乘班组出乘前,掌握担当列车经由线路沿线天气情况,增加一定数量的饮食品,保障供应。列车长接到客调通知,因恶劣天气(含暴雨、大雾、大雪、冰雹、台风等)影响动车组列车正常运行时,应及时按照上级要求公告旅客并致歉,了解车内情况,加强对重点旅客的服务,并与司机和客调保持联系,了解动车组列车的运行情况。

任务四　动车组列车设备故障的应急处理

动车组列车相关设备的工作状态对保障列车安全可靠地运行起重要作用,但是动车组列车在运行过程中可能会出现空调、车门等设备故障的情况。当列车工作人员发现设备设施故障时,需要第一时间通知随车机械师到现场进行处置,必要时应向客运调度员和段安全生产指挥中心汇报。下面介绍动车组列车常见的空调、车门等故障的应急处理。

一、动车组列车空调故障的应急处理(相关教学资源见二维码2)

二维码2

【案例4-4】×年×月×日,列车1~4号车厢空调故障

【事故概况】×年×月×日,D12次动车组列车在××站开车后,列车1~4号车厢空调发生故障(图4-6)。列车无力修复,至终点站后退还1~4号车厢旅客未使用区间空调票价。

图4-6　D12次动车组列车空调故障

【事故处置】动车组列车设备出现故障时,其应急处理如下:

(1)了解汇报。列车长用对讲机向司机、随车机械师了解情况,召开碰头会,通报情况,并报告所属局集团公司客运调度、段值班室。

(2)宣传巡视。列车长向全体工作人员传达,并通过广播向旅客通报情况并致歉。列车长组织工作人员加强宣传解释、巡视车厢、安抚旅客等工作。铁路公安民警(专职安全员)负责维护车内秩序。司机、随车机械师做好故障处理工作。

(3)疏散旅客。若动车组列车部分车厢空调失效暂时无法修复但列车能够正常运行时,在尽量保证旅客服务质量的前提下,列车长应组织列车工作人员将故障车厢旅客疏散到其他空调良好的车厢。

(4)开门通风。全列空调故障超过20min不能恢复或发生闷车时,列车长应及时与司机、随车机械师沟通协商,根据情况做出打开车门的决定,并通知司机转报列车调度员。列车长应根据列车工作人员配置及客流情况,确定开门数量与位置并组织安装防护网,随后通知随车机械师开门。

(5)专人值守。车门打开后,列车长组织工作人员值守,并进行广播,告知旅客注意安全。

(6)在站停留。在车站停留时,按规定开启车门,站车共同做好安全防护,等待救援或组织旅客改乘其他旅客列车。

(7)编制记录。列车长按规定编辑客运记录,交到站为旅客按章办理退还空调费手续。

动车组列车发生空调失效时,列车长应及时向随车机械师了解空调故障情况,向所属局集团公司客运调度和段安全生产指挥中心报告;段安全生产指挥中心将空调失效故障情况及时向主管(值班)领导和党群办领导汇报。根据空调故障情况的不同采取以下处置程序。

(一)接触网停电导致动车组列车空调失效的处置程序

(1)列车长接到司机关于接触网停电导致动车组空调失效的通知时,向全体工作人员传达,组织工作人员加强宣传解释、巡视车厢、安抚旅客等工作。铁路公安民警(专职安全员)负责维护车内秩序、安全。司机、随车机械师做好故障处理工作。

(2)列车长视车内温度和旅客舒适度,及时地与司机、随车机械师沟通,做出打开车门的决定,并通知司机报告列车调度员。

(3)列车长组织列车乘务人员(含餐饮服务人员、保洁人员)安装防护网、打开运行方向左侧(非会车侧)车门,安排列车乘务人员对打开车门防护值守,并进行广播告知旅客注意安全。防护网原则上安装在1号、3号、5号、7号车厢(长编组或重联列车为1号、3号、5号、7号、9号、11号、13号、15号车厢);列车长可视车内温度、客流情况及列车乘务人员数量,确定实际开门数量与位置。

广播通知模板如下:"旅客们,我是××次列车列车长,因(×号车厢)列车空调不能正常使用,为了保持列车正常通风,现需要打开部分车门。为了您的安全,请您不要靠近打开的车门,听从列车工作人员的劝阻,感谢您的配合。"

(4)列车长接到司机关于接触网供电恢复正常的通知后,组织列车乘务人员关闭车门且报告司机;并组织列车乘务人员在车门关闭后适时撤除防护网。

(二)动车组列车部分空调故障的处置程序

(1)当旅客列车空调故障时,列车长立即通知随车机械师处置。动车组列车部分车厢空调失效并且暂时无法修复但列车能够正常运行时,列车长应综合考虑车内客流、故障车厢旅客数量、温度和旅客感受等情况,在尽量保证旅客服务质量的前提下,组织列车员将故障车厢旅客疏散到其他空调良好的车厢。

(2)动车组列车司机室空调故障导致司机室温度过高,影响司机正常驾驶时,在条件允许的情况下,列车长首先考虑将司机室后的旅客转移至其他车厢;并打开司机室与客室通过门进行通风,由铁路公安民警(安全员)进行防护,做好安全宣传,严禁旅客围观及进入司机室,影响司机正常工作。

(3)客流量大、车内温度过高无法安置旅客时,列车长向客运调度员提出换乘其他旅客列车的申请,由客运调度员确定换乘方案后通知列车长组织执行。

(三)动车组列车全列空调故障且可维持运行时的处置程序

(1)动车组列车全列空调失效无法修复但可维持运行时,列车长向全体工作人员传达,组织工作人员加强宣传解释、巡视车厢、安抚旅客等工作;铁路公安民警负责维护车内秩序、安全。

(2)列车运行中,列车长密切关注车内温度及旅客感受。当动车组列车故障造成空调失效超过 20min 且车内温度过高影响旅客舒适度时,列车长及时与司机、随车机械师沟通,通知司机向列车调度员提出在前方最近客运站停车的请求,列车调度员安排列车在前方最近客运站停车。

(3)组织故障动车组列车开门限速运行时,防护网安装需在列车停车状态下进行:

①列车停车后,列车长组织列车乘务人员在停车站安装防护网、打开车门,随车机械师配合;广播告知旅客注意安全。防护网原则上安装在 1 号、3 号、5 号、7 号车厢(长编组或重联列车为 1 号、3 号、5 号、7 号、9 号、11 号、13 号、15 号车厢);列车长可视车内温度、客流情况及列车乘务人员数量,确定实际开门数量与位置。

②防护网安装完毕,打开车门后,由列车长组织列车乘务人员按照"一人一门"值守,直到车门关闭。看护人员在开启车门的背风侧(背朝列车前进方向,面向车厢)站立,劝阻旅客不要在开启车门附近逗留,严禁旅客靠近防护网和自行下车,做好安全宣传,并随时观察运行动态,发现问题及时向列车长报告。

③列车长确认防护网安装牢固、看护到位后报告司机,司机向列车调度员报告;列车调度员根据司机的报告,向司机及沿途各站发布打开车门限速60km/h(通过临靠高站台的线路时限速 40km/h)运行的调度命令。装有外开

式塞拉门的动车组列车开门运行时,开车前由随车机械师向司机提出沿途各站进站前需停车关闭车门、出站后需停车打开车门(非会车侧车门停靠站台时)的申请;司机停车后通知列车长,列车长通知各看护人员手动关闭车门/出站后手动打开车门,确认关门/打开完毕后报告司机。

(4)若组织故障动车组列车旅客换乘,列车长接到客运调度员(司机)换乘、停运的通知后,提前组织列车乘务人员做好旅客换乘的准备工作。

①组织旅客在车站换乘时,按照站内换乘进行处置。

②组织旅客在区间换乘时,按照区间换乘进行处置。

③使用内燃机车救援时,执行以下要求:

a. 救援后需继续打开车门运行时,按组织故障动车组列车开门限速运行的要求执行安装防护网、打开车门、安排人员值守、广播宣传等工作。

b. 被救援动车组列车停在长大隧道内,救援后需继续打开车门运行时,列车长接到司机需暂时关闭车门的通知时,组织列车乘务人员暂时关闭车门并报告动车组列车司机;列车驶出隧道停车后,列车长接到动车组列车司机打开车门的通知后,组织列车乘务人员打开车门。

(5)空调设备恢复正常工作、车内温度达标后,列车长组织列车乘务人员关闭车门并报告司机;司机确认动车组车门关闭良好后,报告列车调度员并请求恢复正常运行。列车长组织列车乘务员在车门关闭后适时撤除防护网。

(四)动车组列车故障导致动车组列车空调失效且无法维持运行的处置程序

(1)因动车组列车故障造成空调失效超过20min且无法维持运行时,随车机械师处置无效后通知司机请求救援。

(2)等待救援时,列车长组织列车乘务人员根据区间或站内换乘规定做好救援准备工作;视车内温度和舒适度,按照"接触网停电导致动车组列车空调失效"处理程序,组织列车乘务人员安装防护网、打开车门、指定人员对打开车门防护值守,并进行列车广播提示。

(3)列车长按规定编制客运记录,交到站为旅客按章办理高等级席位旅客乘坐低等级或未使用区间空调票价差。

相关实训

分组,通过本项目"实训三 高速铁路动车组列车非正常情况应急处理实训任务工单",编写实训方案,运用该任务相关知识扮演列车长、司机、随车机械师、乘务员以及旅客等角色,模拟动车组列车发生空调设备故障的情境进行训练,落实现场处理主要环节,各小组派代表进行总结汇报,小组互评、教师点评。实训中要求学生做到"教、学、做"一体化,提高学生运用理论知识解决实际问题的能力。

相关规章

《旅客列车空调失效应急处置办法》

第一章 总 则

第一条 为贯彻落实以人民为中心的发展思想，减少旅客列车空调失效对旅客运输造成的影响，切实做好空调失效时应急处置工作，确保旅客安全，特制定本办法。

第二条 本办法适用于动车组、直供电机车、发电车、接触网故障及停于无电区等情况下空调机组无法使用或空调机组故障，严重影响旅客服务质量时的应急处置。

第二章 基本原则

第三条 以人为本，安全第一。开展旅客列车空调失效应急处置工作时，要把旅客列车安全和旅客生命财产安全放在首位，要以解决旅客通风透气为首要任务。

第四条 快速反应、科学处置。接到旅客列车空调失效报告后，各单位、部门应迅速行动，果断开展应急处置工作，应急处置要注重实效，依法合规。

第五条 统一指挥，分工协作。旅客列车空调失效后，各单位、部门应在所在局应急领导小组统一指挥下，分工负责、协调联动，合理开展应急处置工作。

第三章 责任分工

第六条 旅客列车空调失效时，各岗位应按照各自职责和权限，紧密联系、密切配合，科学合理开展应急处置工作。各工种岗位职责如下：

（一）列车长负责向所在铁路局客运（客服）调度员报告，视情况提出列车在前方最近客运站停车的请求；负责组织列车乘务人员（含餐饮服务人员、保洁员、铁路公安民警/安全员，下同）安装防护网、打开动车组列车车门（具体操作详见附件2）；负责组织旅客安全疏散、换乘至其他旅客列车。

（二）司机负责向列车调度员报告行车信息；负责配合列车长开启动车组列车车门，确认车门开关状态；根据列车长、随车机械师的请求及列车调度员发布的调度命令安全行车。

（三）随车机械师（车辆乘务员）负责旅客列车空调故障应急处置工作；负责配合列车长开启动车组列车车门；负责协助CRH1/CRH380D型动车组列车司机采取越障行车模式行车。

（四）发生地所在铁路局客运（客服）调度员负责通知始发局限制或停止发售车票；负责通知前方铁路局采取改签、退票等措施。动车组列车调度员负责核对热备、备用动车组列车信息，了解故障处置进度，参与制订救援方案；列车调度员负责旅客列车空调失效后的行车及救援组织工作。

（五）铁路公安民警（安全员）负责配合列车长做好应急处置工作；负责维持旅客列车乘车秩序、安全及处理突发事件。

第七条 旅客列车空调失效时,铁路局分管运输副局长(或总调度长)要到铁路局应急调度台进行指挥。空调失效超过1小时时,铁路局主要领导要到铁路局应急调度台指挥应急救援工作。

第四章 处 置 流 程

第八条 旅客列车空调失效需组织旅客换乘或疏散时,可根据不同场景(详见附件1),采取机车救援、动车组列车救援、换乘至热备动车组列车或其他旅客列车、停运等处置方式。

第九条 旅客列车空调失效超过20分钟不能恢复且列车不能维持运行时,列车长应及时与司机、随车机械师(车辆乘务员)沟通,视车内温度和旅客舒适度作出动车组列车开门、其他旅客列车(含时速160km动力集中动车组列车)开窗的决定,并通知司机转报列车调度员。列车调度员根据现场实际情况,确定救援方案并组织实施。

第十条 旅客列车空调失效超过20分钟不能恢复但列车能够正常运行时,列车长可视车内温度和旅客舒适度通知司机向列车调度员提出在前方最近客运站停车的请求,列车调度员安排列车在前方最近客运站停车。列车在停车站安装好防护网、打开部分车门后可继续限速运行;具备条件时也可组织旅客换乘其他列车。

第十一条 动车组列车开门运行基本要求。

(一)动车组列车在停车站安装好防护网、打开部分车门后,列车调度员根据司机的报告,向司机(救援时还包括救援司机)及沿途各站发布打开车门限速60km/h(通过临靠高站台的线路时限速40km/h)运行的调度命令。

装有外开式塞拉门的动车组列车开门运行时,开车前由随车机械师向司机提出进站前需停车关闭车门的申请。司机停车后通知列车长,列车长通知各看护人员手动关闭车门,确认关门完毕后报告司机。

(二)动车组列车安装防护网、打开车门由列车长组织列车乘务人员进行,司机、随车机械师予以配合。防护网安装位置为运行方向左侧(非会车侧)车门处。车门开启数量应根据车内情况及列车乘务人员数量决定。各型动车组原则上按照单侧全部车门数量配备防护网。

防护网安装完毕,打开车门后,由列车长组织列车乘务人员按照"一人一门"值守,直到车门关闭,严禁旅客靠近防护网或自行下车。列车长确认防护网安装牢固、看护到位后报告司机。

第十二条 动车组列车旅客换乘基本要求。

(一)需要组织旅客下车或换乘其他列车时,应在车站站台进行,车站与列车一起组织旅客乘降。必须在站内不邻靠站台的线路或区间组织旅客下车或换乘时,需经铁路局分管运输副局长(总调度长)批准,同时要做好安全防护,以防发生意外。

(二)在站内不邻靠站台的线路或在区间,组织旅客疏散时,须在邻线列车已扣停的情况下进行。列车长要根据线路两侧自然地形及人员走行条件,组织列车员选择从列车运行方向右侧或左侧将旅客有序疏散到安全地带。组织旅客换乘时,列车长可根据现场实际情况,采用搭设紧急用渡板或应急梯的方式进行换乘。条件允许时,优先选择搭设紧急用渡板方式换乘。

第十三条 动车组列车以外机车、发电车故障影响旅客列车空调正常工作时。

(一)牵引直供电旅客列车的机车发生故障时,就近组织牵引非直供电列车的直供电机车救援(供电制式等需一致)。

(二)牵引直供电旅客列车的机车发生故障(非走行部和制动系统故障),不能牵引运行,但仍能向列车供电时,调度所就近组织机车挂于故障机车前部担当牵引任务,由故障机车供电维持运行。救援机车按图定交路接续至具备更换直供电机车的车站。

(三)DFUG型机车担当牵引直供电旅客列车任务,一台机车发生故障时,应保持两台发电机向列车供电,维持运行。一台发电机故障时,应及时通知车辆乘务员,由车辆乘务员转为减负荷状态,维持运行。

(四)担当直供电列车牵引任务的机车在外段发生故障无法修复时,所在地铁路局要及时通知配属局组织单机接运;来不及时要安排本局直供电机车担当牵引任务。

(五)因发电车发生走行、制动故障等需甩车时,发电车乘务员应通知有关单位和就近的车辆段。接到通知的车辆段应立即组织有关人员赶赴现场进行处理,同时要准备好备用发电车,当判明必须甩车时,应立即组织换挂。

第十四条 旅客列车空调失效后,相关部门应积极进行故障诊断和抢修;空调设备恢复正常工作、车内温度达标后,应关闭车门、车窗。列车长组织工作人员在动车组列车车门关闭后,适时撤除防护网。司机确认动车组列车车门关闭良好后,恢复车门的牵引联锁功能。

第五章 附 则

第十五条 铁路局应根据本办法,结合本单位实际情况,制定旅客列车空调失效应急处置实施细则。

第十六条 本办法由总公司运输局负责解释。

第十七条 本办法自2017年7月1日起施行。原铁道部印发的《旅客列车空调失效应急处置办法》(铁运〔2010〕175号)同时停止执行,总公司运输局前发《关于加强动车组列车空调失效故障应急处置工作的通知》(运调调度电〔2016〕1710号)同时废止。

二、动车组列车车门故障的应急处理

【案例4-5】×年×月×日,D31××次动车组列车运行至××东站时,右侧车门无法打开。

【事故概况】×年×月×日,D31××次动车组列车运行至××东站时,司机停车后发现右侧车门无法打开,于是通知随车机械师查看后报车门控制单元故障。随车机械师经与列车长沟通后启动外门紧急解锁装置,分别打开 5 号、6 号、7 号、8 号、13 号车厢车门组织旅客乘降。因此,宁波东站晚点 12min 开出。

【事故处置】列车车门故障无法打开时,其处置程序如下:

(1)立即报告。当发现或接到列车工作人员报告车门不能开启或关闭时,通知列车乘务员到该车厢进行人工确认,同时通知司机及随车机械师并向段高铁值班室报告。

(2)设置防护。在随车机械师到场处理无法修复故障门时,组织列车员安装防护网,对故障车门做好防护。

(3)组织乘降。车门无法开启时,列车长应提前与前方停车站联系,组织旅客经其他车门乘降。到站前组织好故障门车厢的旅客从其他车门下车。接司机通知需要手动开启车门时,通知乘务员进行操作紧急开门装置打开车门。

(一)动车组列车车门故障处理流程

(1)汇报重点:列车长向段安全生产指挥中心汇报发现时间、运行区间、破损位置(运行方向的左/右侧)、旅客人身伤害信息、随车机械师应急处置情况及车内概况。

(2)材料收集:及时拍照取证;收集旁证材料时应不少于两份,车窗(门)属人为破损时还应收集相关责任人自述材料。

(3)到站交接:人为破坏时将旁证材料、责任人或同行人自述材料、相关人员身份及车票信息,连同客运记录一并交旅客到站。

(二)动车组列车应急开启动车组车门操作要领

(1)CRH1A/CRH1B/CRH6A/CRH6F 型动车组列车:列车员通过"紧急解锁装置"打开对应车门。

(2)CRH1E/CRH1A~A/CRH380D 型动车组列车:列车员隔离对应车门脚踏,断开车门电源,通过"紧急解锁装置"打开车门。

(3)CRH2/CRH380A 系列动车组列车(除第 4 条明确的 CRH2E 型和 CRH2G 型动车组列车):列车员操作对应车门"紧急开门阀"排风后打开车门。

(4)CRH2E(2461~2465)/CRH2G、CRH3A/3C、CRH5A/5G/5E、CRH380B/BL/BG/CL、CR400AF/BF 型动车组列车:列车员隔离对应车门站台补偿器,断开车门电源,通过"紧急解锁装置"打开车门。

(三)门-牵引联锁功能取消操作

(1)CRH1/CRH380D 系列动车组列车:随车机械师通知司机操作"牵引阻断旁路"或"门回路旁路"开关,随车机械师协助采取越障行车模式行车。

(2)CRH2/CRH380A 系列、CR400AF 型、CRH6A 型动车组列车:随车机械师通知司机将司机室配电盘"关门连锁"旋钮旋至"闭合"位。

(3)CRH3A 型动车组列车:随车机械师通知司机将主控司机室故障控制面板"门隔离"旋钮旋至"关"位。

(4)CRH3C型、CRH380B系列动车组列车:随车机械师通知司机在HMI屏"牵引"主页面,选择"紧急"页面,操作"取消牵引限制(门开)"按键。

(5)CRH380CL型动车组列车:随车机械师通知司机在HMI屏主页面,点击"设备状态",进入"门状态"页面后,点击"取消牵引限制"按键。

(6)CR400BF型动车组列车:随车机械师通知司机将主控司机室故障控制面板"车门环路旁路"旋钮旋至"关"位。

(7)CRH5A/G/E型动车组列车:随车机械师通知司机断开主控司机室QCA柜(司机室控制设备柜)内45QBY空开。

(8)CRH6F型动车组列车:随车机械师通知司机将主控司机室配电盘"车门连锁隔离"旋钮旋至"关"位。

后续新增动车组车型的车门操作,由运输局另发电报公布。

三、动车组列车紧急破窗的应急处理

 相关实训

分组,通过本项目"实训三 高速铁路动车组列车非正常情况应急处理实训任务工单"编写实训方案,运用该任务相关知识扮演列车长、司机、随车机械师、乘务员以及旅客等角色,模拟动车组列车发生车门设备故障的情况,落实现场处理主要环节,各小组派代表进行总结汇报,小组互评、教师点评。实训中要求学生做到"教、学、做"一体化,提高学生运用理论知识解决实际问题的能力。

【案例4-6】×年×月×日,列车停站时,旅客自行取下紧急破窗锤将车窗玻璃击碎。

【事故概况】×年×月×日,列车停站时,1~4号车厢的保洁员用对讲机通知2号车1A旅客自行取下1A车窗旁紧急破窗锤将车窗玻璃击碎。

【事故处置】旅客自行取下紧急破窗锤击碎车窗(门)玻璃时,应按以下几个步骤进行处置:

(1)检查确认。列车工作人员赶赴现场,对车窗(门)玻璃破损情况进行检查确认。

(2)车厢排查。列车长组织相关人员对车内旅客、行李物品及车内设备设施进行排查。

(3)及时汇报。列车长及时向上级主管部门汇报情况。

(4)现场取证。列车长组织铁路公安民警(安全员)做好现场取证工作。

(5)专人观察。列车长指派该车厢列车乘务员观察车窗玻璃变化情况。

(6)终到处理。人为破损时,应将责任人交到站。

旅客自行取下紧急破窗锤击碎车窗玻璃按以下处置程序办理:

(1)检查确认。列车工作人员在列车运行途中发现或接到旅客反映客车车窗(门)玻璃破损后,立即将具体情况报列车长。列车长接报后通知司机、随车机械

师、铁路公安民警,并第一时间赶赴现场,对车窗(门)玻璃破损情况进行检查确认。

(2)车厢排查。列车长组织列车乘务员对车内旅客、行李物品及车内设备设施进行排查,同时安抚旅客情绪,并确认是否有无人认领行李,确保无旅客在破损车窗处坠落。如确认有坠落旅客,要立即向运行区段所在局客调汇报。若车窗(门)玻璃为人为破损列车长应协同铁路公安民警(安全员)找到相关责任人。

(3)及时汇报。列车长及时将情况汇报至车队、段值班室及上级主管部门。

(4)现场取证。列车长组织铁路公安民警(安全员)做好现场拍照取证以及旁证材料收集工作,并安排保洁人员迅速清理车内玻璃碎片,防止扎伤旅客。同时调整破损车窗附近旅客座位,做好安全宣传。

(5)专人观察。随车机械师确认车窗(门)玻璃破损情况后,可不做停车处理时,列车长指派该车厢乘务员注意观察车窗玻璃变化情况,发现异常时及时通知随车机械师处理。

(6)终到处理。车窗(门)玻璃为人为破损时,列车长编制客运记录交相关责任人至到站。

相关实训

分组,通过本项目"实训三 高速铁路动车组列车非正常情况应急处理实训任务工单"编写实训方案,运用该任务相关知识扮演列车长、司机、随车机械师、乘务员以及旅客等角色,模拟动车组列车发生旅客自行取下紧急破窗锤将车窗玻璃击碎的情境进行训练,落实现场处理主要环节及作业要点,各小组派代表进行总结汇报,小组互评、教师点评。实训中要求学生做到"教、学、做"一体化,提高学生运用理论知识解决实际问题的能力。

相关规章

《高速铁路客运非正常情况应急处置办法》
(节选自某铁路局集团公司文件)

第二章 应急处置程序

……

第七条 动车组列车运输秩序异常的应急处置程序。

……

二、信息报送

……

3)发生设备故障时的通报内容:①发生时间、地点(区间、行别、里程,设备编号);②故障现象或概况;③行车限制条件。

2.段安全生产指挥中心接到列车长报告后,值班人员迅速了解事件的原因、性质,指导现场果断处理;依据事件的性质及时向主管(值班)领导汇报,并加强与现场的联系,掌握现场动态,及时请示报告,按照命令、指示要求,迅速准确落实上情下达、下情上报及协调工作。

三、现场紧急防护

现场班组在发生行车突发事件后,在救援组到达前,需要对旅客进行安全防护、疏散时,在区间由列车长统一指挥,铁路公安民警(安全员)配合,按以下分工,先期开展救援工作:

......

3. 由公安铁路公安民警(安全员)、旅客中的军政警人员组成防范组,对现场治安秩序进行全面防范,控制可疑人员,保护现场。

4. 由随车机械师组成防护组,保证事故车辆的照明、通风,按照防护标准设置必要防护。

5. 由列车长、随车机械师组成联络协调组,随时与车站、调度及各事故救援机构保持联系,接受指挥和指导。

第八条 列车运行途中车辆设施设备故障的应急处置程序。

......

二、及时报告

列车工作人员发现车辆设施设备故障时,第一时间通知随车机械师到现场进行处置。必要时,向客调和段安全生产指挥中心汇报。

三、列车车门故障时的处置程序

1. 列车运行中车门故障的处置程序

(1)动车组列车运行中,列车工作人员接到旅客报告或发现车门出现故障时,立即采取安全防护措施,并报告列车长,同时锁闭靠近故障车门的内端门。

(2)列车长接报后,立即通知司机、随车机械师,并与随车机械师赶赴现场处理。

(3)随车机械师确认故障车门不能及时修复时,列车长及时组织乘务人员设置防护网(如随车机械师确认故障车门已可靠隔离锁闭,可不设置防护网);车门出现故障自动开启时,司机接报后控制动车组列车限速运行。如随车机械师确认故障车门不能及时修复时,列车长立即通知司机停车,并组织人员在故障边门处设置防护网并锁闭内端门。

(4)列车长及时将故障边门情况向段安全生产指挥中心及客调汇报,由客调通知前方停车站组织乘降时避开故障车门,做好旅客乘降组织。

(5)列车长安排列车乘务人员加强故障车门的巡视,随时关注故障车门情况。列车工作人员加强故障车门车厢安全巡视,做好宣传和解释,劝阻旅客不要在故障车门连接处通过或停留,并在到站前提前组织故障车厢旅客到邻近车厢下车。

(6)如因车门故障动车组列车不能正常运行,旅客需换乘热备车底时,按照换乘热备动车组列车的程序执行。

2. 列车停站或开车前车门出现故障无法自动开关门的处置程序

(1)列车停站或开车前全列或单个车门出现自动开关门装置故障时,由司机通知随车机械师和列车长;随车机械师负责处理相关故障,列车长组织全体列车工作人员负责手动开关车门并引导旅客有序乘降。

(2)列车长在站台立岗时,注意观察各车厢靠站台边门开启和旅客乘降情况。如发现某个车厢的边门未开启时,立即通知乘务人员到该车厢进行人工确认该车边门是否自动开启,有无旅客乘降;如未开启则立即安排乘务员人工开门或组织旅客到其他车门乘降。

(3)遇边门故障不能修复时,列车长安排工作人员在故障边门处设置防护网,由列车长、随车机械师进行检查确认,确保安装牢固、锁闭到位。列车乘务员进行宣传,告知旅客到相邻车厢下车,并在到站前提前组织旅客到其他车门下车,防止越站。

(4)列车长及时将故障边门情况向段安全生产指挥中心及客调汇报,由客调通知前方停车站组织乘降时避开故障车门。

(5)因边门故障造成旅客越站时,列车长编制客运记录将旅客交前方停车站,并做好站车交接工作;交站时列车长应充分考虑前方站接续时间,确保用最短的时间将旅客送回,同时做好旅客安抚工作。

(6)列车长安排乘务人员对故障边门值守,并加强安全巡视和宣传,劝阻旅客不要在故障边门处停留。

(7)列车停站前,列车乘务员在边门立岗时,不得手动按动"开门键";同时要阻止旅客手动按动"开门键";发现车门未自动打开时,立即通知司机,并启动相关应急预案。

四、列车车窗(门)玻璃破损的处置程序

1. 检查确认

列车工作人员在列车运行途中发现或接到旅客反映客车车窗(门)玻璃破损后,立即将发现时间、运行区间、运行方向的左/右侧及破损情况报列车长。列车长接报后通知司机、随车机械师、铁路公安民警(安全员),并第一时间赶赴现场,对车窗(门)玻璃破损情况进行检查确认:

(1)以现场人证、物证为参考,列车工作人员配合铁路公安民警(无铁路公安民警时,由列车长组织安全员)做好现场拍照取证,保留好物证等工作后,列车长安排人员迅速清理车内玻璃碎片,防止扎伤旅客;协助随车机械师对破损的车窗采取稳妥的封掩措施,消除安全隐患;调整破损车窗附近旅客座位,同时做好安全宣传和防护工作。如造成人身伤害,按照"旅客伤、病的应急处置程序"处理。

(2)在无法判定车窗(门)玻璃破损是由于石击等外力撞击或自然破裂的情况下,列车长做好现场拍照取证,并立即组织乘务人员对车内旅客、行李物品及车内设施备品(紧急破窗锤、灭火器等)进行排查,确认是否有旅客从破损车窗(门)处坠落。确认采取旅客问询方式进行(必要时可使用列车广播查找),座位车厢及时核查是否有无人认领旅客行李,逐座查询旅客的同行人或旁边旅客是否在车内。如确认是有旅客从破损车窗(门)处坠落时,要立即向运行区段所在局客调汇报,请求进行搜救,并在前方站拍发查找电报。

(3)由随车机械师确认破损玻璃有无脱落风险,若外层玻璃破损或内外层玻璃均破损,则须在前方站停车处理;若内层玻璃破损,经随车机械师确认暂无脱落风险的,可不停车处理,由该车厢列车员注意观察车窗玻璃变化情况,发现异常时及时通知随车机械师进行应急处置。

2. 通报程序

(1)随车机械师检查确认车窗(门)玻璃破损情况后,向司机报告是否需要在前方站停车处理;若车窗(门)玻璃破损影响车厢气密性时,随车机械师立即通知司机限速160km/h运行,司机接到随车机械师要求限速运行时,严格控速运行,并及时报告列车调度员;在具备条件的车站更换车底。

(2)列车长将玻璃破损及处置情况报段安全生产指挥中心。其报告内容包括:发现时间、运行区间、破损位置(运行方向的左/右侧)、旅客人身伤害信息、随车机械师应急处置情况及车内概况。段安全生产指挥中心值班人员及时将相关情况报乘务科、安全科及主管领导(值班领导),并向集团客运部、应急办和客调汇报。

3. 停车处理

如确认列车需在非客运营业站停车由随车机械师处理破损车窗时,列车工作人员坚守岗位,加强巡视解释工作;列车长指定人员做好打开边门处的防护,严禁旅客上下车。

4. 严格落实巡视制度

列车运行中,列车员要严格落实岗位巡视制度,掌握值乘车厢旅客动态,发现异常及时向列车长报告。

5. 终到处理

动车组旅客列车单层玻璃破损时,在本属终到入库后对破损车窗玻璃更换处理。

任务五　动车组列车行车事故的应急处理

【案例4-7】×年×月×日,一列车因××南站附近洪水引发断道

【事故概况】×年×月×日,一开往昆明南的列车,途经××南站,因当地降雨导致洪水和山体滑坡,致使线路中断,造成列车大面积晚点。

【事故处置】列车因洪水断道时的处置程序如下:

(1)信息报送及处置。列车长应及时向运行局集团公司所在客运调度及本段安全生产指挥中心(防洪办)汇报,并及时与前方车站取得联系,了解线路中断原因和具体的开车时间,严格执行调度命令。

(2)统计旅客人数。做好车内人数、餐料、饮用水、重点旅客等情况的统计汇总,确保通信畅通。

(3)安抚旅客情绪。列车工作人员要坚守岗位,做好安全宣传工作,安抚旅

客情绪,掌握车内旅客动态,对重点旅客做到重点照顾;发现异常情况及时向列车长、铁路公安民警和随车机械师报告。

(4)加强车内巡视。列车工作人员要坚守岗位,加强车门管理,加强车内巡视,做好宣传解释工作,防止旅客跳车或擅自开门下车,确保旅客人身安全;广播应有针对性地加强教育宣传,稳定旅客情绪,防止意外发生。

(5)确保供餐正常。各在线班组餐车班积极做好旅客的饮水及食品供应;列车长加强监管,严禁加价销售食品、商品。

【案例4-8】高铁列车受彩钢板撞击停运

【事故概况】2018年8月12日晚到8月13日上午,京沪高铁接连发生两次设备故障,导致列车大范围晚点或停运(图4-7)。8月12日23时04分,杭州东开往北京南的G40次列车运行到京沪高铁廊坊至北京南区间时,意外受到大风刮起的彩钢板撞击,发生故障,造成本列及后续列车晚点。直到8月13日3时59分,设备故障被排除,列车恢复运行。

图4-7 动车组列车行车事故

【事故分析】北京铁路部门2018年8月13日上午披露了8月12日深夜彩钢板撞击京沪高铁线的图片画面。画面显示,大面积的彩钢板飞落在京沪高铁铁路线上,从彩钢板飞落的数量有数十块,影响面积大,接触网设备损坏严重。事故发生后,G40次列车仍可以行驶,但为了保障线路和其他车次安全,中国国家铁路集团有限公司采用了救援方案,并对车顶进行详细的检查,于凌晨5点G40次列车由救援机车拖回北京南站。然而仅仅3h后,8月13日7时许,京沪高铁北京南至廊坊间再次发生设备故障,导致部分列车晚点,直到10时许才排除故障,列车运行逐步恢复。

据北京南站官方微博消息,9时23分,因京沪高铁北京南至廊坊间设备故障影响,8月13日北京南—上海虹桥的G121、G123、G125、G127、G119、G105、G111、G113、G115、G117、G155、G149、G267、G169、G157、G159次列车停运;北京南—青岛的G179、G181、G183次列车停运;北京南—福州G55次列车停运。9时40分,因京沪高铁北京南至廊坊间设备故障影响,8月13日北京南—吉林G383次列车停运;北京南—杭州东的G41、G31次列车停运。铁路部门提示,已经从窗口购票的旅客,30日内持车票(含当日)可到车站窗口办理退票手续。从中国铁路客户服务中心12306网站上购买此次列车车票的旅客,如还未换票,也可登录12306网站直接办理退票手续。以上办理退票,均不收取手续费。

此外,作为京沪高铁的中途停靠站,济南西站也已全面启动应急预案,增开人工退票专用窗口5个;安检进站通道也全部开启;候车室、站台等岗位增派力量,确保旅客组织安全有序。济南西站官方微博称,因客流需要,截至当天中午12点,济南西站恢复开行,并临时加开旅客列车。

动车组列车发生行车事故时,列车乘务员应做好以下工作:

(1)安全宣传。积极做好列车安全宣传工作,避免因旅客情绪激动造成的跳车、私自打开车门等问题,落实有关应急处置工作及各部门沟通工作。

(2)安抚旅客。负责做好因事故受阻旅客列车旅客生活供应和安抚疏导工作。

(3)后续工作。做好列车停运、迂回、绕道、折返或线路中断时旅客列车的乘务组织和列车服务工作。

相关实训

×年×月×日15时15分,西安—昆明的动车组列车运行至宝成线路时,受持续降雨影响,洪水致使石亭江大桥5号、6号桥墩倒塌,造成列车机后5～17位车辆脱线,1318名旅客的生命和财产安全受到严重威胁。

(1)对于以上案例,通过本项目"实训三 高速铁路动车组列车非正常情况应急处理实训任务工单"编写实训方案,如果你是列车长,面对情绪激动的旅客,你怎样安抚?

(2)由于断道导致列车正值餐点车上餐食供应不足,你作为当日值乘列车长该怎样做?

拓展提高

1.对邻靠正线有动车组列车通过的站台,如何保证人员安全?

答:当站台邻靠正线,一侧有动车组通过时,站台另一侧应当停止组织旅客乘降或设防护栏进行防护。当一个站台两侧同时有动车组列车邻站台通过且没有防护设施时,除有人身安全防护措施的车站工作人员外,站台上不得再有候车旅客、其他工作人员和可移动物品。

2.动车组列车对安全设备的管理有哪些规定?

答:列车乘务员在列车运行中应当注意对列车安全设备的管理,制止搬动、触碰安全设备等不安全行为。严禁任何人在列车正常运行中打开气密窗,禁止任何无关人员进入司机室。

3.动车组列车对禁烟有何规定?

答:动车组列车各部位均不得吸烟。列车乘务员发现旅客吸烟时应予以制止。

4.动车组列车司机室的安全管理有何规定?

答:为确保动车组运行安全,动车组列车乘务员在运行中要对与机车连接端门执行锁闭制度。列车运行中,严禁任何人进入司机室。

5.动车组列车旅客乘降时遇旅客或行李物品跌落高站台时如何处置?

答:当旅客或行李物品跌落在站台与车体之间的缝隙时,列车乘务员(列车长、随车机械师)应立即通知司机和车站客运值班员,对旅客施救或使用专用工具取出行李物品。完毕后,按规定处置程序关门。如物品掉落站台,确认不危及列车安全时,可待列车出发后由车站处理。

思考题

1. 动车组列车严重晚点时应如何处置?
2. 动车组列车有关超员有哪些规定?
3. 动车组列车遇自然灾害时应如何处置?
4. 旅客自行取下紧急破窗锤击碎车窗玻璃时应如何处置?
5. 动车组列车发生行车事故时,列车乘务人员应做好哪些工作?
6. 简述动车组列车运行中旅客伤、病需救治时的应急处置程序。

实训三　高速铁路动车组列车非正常情况应急处理实训任务工单

年　　月　　日

非正常情况类型						
实训目标	1. 专业能力目标 (1)能说出动车组列车严重晚点和动车组列车超员的应急处理程序; (2)能说出动车组列车遇自然灾害和设备故障的应急处理程序; (3)能解释动车组列车行车事故和突发事故的应急处理程序。 2. 方法能力目标 (1)能综合运用高速铁路客运安全与应急处理专业知识,通过利用高速铁路客运安全与应急处理书籍、课件和图片资料获得帮助信息; (2)能根据实训项目学习任务确定实训方案,从中学会表达及展示活动过程和成果。 3. 社会能力目标 (1)培养学生善于观察的习惯; (2)培养学生认真细致的工作作风; (3)启发学生在工作中要有创新思维。					
岗位分工		作业环节	作业要点	组内自评	组内互评	
姓名	岗位				组1	组2	组3

注:1. 高速铁路动车组列车非正常情况应急处理实训任务工单可根据实际情景进行增删设计。

　　2. 组内自评满分10分;组内互评满分10分,让组员根据实训表现互相打分,取平均分。

相关规章

《高速铁路客运非正常情况应急处置办法》

（节选自某铁路局集团公司文件）

第二章 应急处置程序

……

第九条 列车突发公共卫生事件的应急处置程序

……

三、列车突发重大传染疫情的处置程序

1. 国内、集团管内发生重大传染病疫情、群体性不明原因疾病以及其他严重影响公众健康的事件。如鼠疫、霍乱、肺炭疽、传染性非典型肺炎、埃博拉出血热、中东呼吸综合征、重大动物疫情及外来有害生物入侵等，并有可能借铁路交通工具进行传播时，按照总公司及当地政府统一部署，立即启动突发公共卫生事件应急处理程序，按照职责分工，开展工作。

2. 旅客列车应急处置小组应由客运、卫生、公安等人员组成，负责列车突发公共卫生事件的处理工作。疫情严重期间，按总公司及当地政府部署，实行客运干部、卫生人员双添乘制度，并检查旅客持《旅客健康申报卡》乘车情况。

3. 列车发现有法定传染病症状的病例时，根据实际情况，采取以下措施：

(1) 及时报告：列车长和段安全生产指挥中心按要求报告信息。报告内容包括：日期、车次、时间、运行地点、患者上车站、患者简况及主要症状、患者所在车厢顺号、旅行目的站和密切接触人员简况等。

(2) 隔离措施：列车长利用乘务室，将病人或疑似病人隔离，同时控制病人原所在车厢旅客的流动。将病人或疑似病人隔离在原车厢下风向一端，密切接触者隔离在该车厢的另一端。必要时通知随车机械师负责锁闭该车厢两端的通过门及关闭列车空调，并给病人或疑似病人佩戴口罩，封锁已经污染或可能污染的区域，同时做好被隔离人员的交站准备。

(3) 登记信息：对密切接触者进行登记（内容包括：姓名、性别、年龄、身份证号码、联系方式等）。病人所在客室的旅客、同行人员以及有关列车乘务人员确定为密切接触者。

(4) 收集证据：利用垃圾袋收集患者呕吐物、排泄物或病、死的禽畜及其粪便，密封保存。

(5) 移交车站：列车长按上级要求，将病人或疑似病人以及密切接触者交指定车站，相关证据一并移交。

4. 列车积极配合现场的医疗和铁路疾控所工作。

(1) 检查列车通风情况，根据疫情情况，必要时关闭中央空调。

(2) 按规定对病人污染的车厢、隔离场所及可能污染的范围进行消毒。

(3)按照上级要求,与指定车站做好交接准备。列车长与前方处理站办理患者或病、死的禽畜及其粪便的交接手续,由车站安排患者到指定医院诊治。列车上收集的患者呕吐物、排泄物或病、死的禽畜及其粪便消毒后按规定进行处理。

(4)列车到达目的地(不含香港西九龙站)后,由所在地铁路疾控所对全列车进行消毒。铁路疾控所确认处置完毕后,方可解除区域封锁。

(5)对密切接触病人的列车乘务人员,由铁路疾控所按规定安排进行医学观察。

5.广深港跨境列车终到站为香港西九龙站时,由列车乘务人员根据铁路疾控所的指导对列车相关部位进行消毒。动车组列车消毒药品配备和消毒处理程序如下:

(1)消毒药品和器械配备:二溴海因消毒片1瓶,消毒喷壶(1L)1个。

(2)消毒方法:

①浸泡法消毒:将洗净的消毒物品浸没于消毒液内,加盖,作用至预定时间后取出。对一般无明显污染的物品,用250mg/L的浓度,即一升水放一片消毒剂;对一般微生物污染的物品,用500mg/L的浓度,作用时间30分钟。对致病性芽孢菌、结核杆菌、肝炎病毒、禽流感病毒、非典型性肺炎病毒等污染的物品,用1000~2000mg/L浓度,作用30分钟。

②擦拭法消毒:对地面、墙面及大件不能用浸泡法消毒的物品,可用擦拭法。消毒液浓度和作用时间与浸泡法相同。

③喷洒法消毒:对于一般物品表面,用500mg/L二溴海因消毒液,均匀喷洒,以喷湿为度,作用时间30分钟;对致病性芽孢和结核分枝杆菌用1000~2000mg/L浓度消毒液喷洒,作用60分钟。

(3)消毒喷壶操作程序:

①检查消毒喷壶是否完好,有无破损,有无零件松动,加水检查消毒喷壶是否漏水漏气。

②检查消毒喷壶喷头喷雾时能否调至线状和雾状,使用的水温不超过40℃。

③消毒喷壶使用时先加自来水至适当容积后,再加消毒剂原液,消毒液不可超过消毒喷壶最大刻度。

④消毒喷壶使用完后只能用清水洗涤,倒空容器,用清水仔细清洁和冲洗,应注意清洗阀门、软吸管和喷嘴,喷空后将消毒喷壶打开,使其干燥。

⑤消毒喷壶储存时应保持在避免结霜的地方,远离热源和热环境。

(4)动车组列车突发公共卫生消毒程序:

①配置适宜浓度的消毒液。一般公共场所配制消毒液,使用一升自来水放置一片消毒剂(消毒片溶解时间约2分钟),有效溴含量250mg/L。

②按照从上到下、从左到右、从内到外的喷洒消毒顺序进行消毒。使用配制好的消毒液擦拭桌面、柜台、椅子等物体表面,消毒时间约10分钟,即可达到消毒效果。

③消毒10分钟后,用清水擦拭物体表面防止消毒液腐蚀物体表面。

项目五

高速铁路旅客伤害应急处理

项目介绍

本项目主要介绍高速铁路旅客伤害应急处理的相关知识。

教学目标

1. 知识目标

掌握高速铁路旅客乘降意外伤害、旅客食物中毒的应急处理方法;掌握旅客突发疾病以及其他旅客伤害的应急处理方法。

2. 技能目标

能够进行基本的旅客急救工作;能够处理高速铁路旅客应急伤害。

3. 素质目标

培养学生具备铁路客运员、列车长、列车员以及随车机械师等高速铁路客运岗位在处理高速铁路旅客伤害过程中认真负责的工作态度。

任务一　旅客意外伤害应急处理

项目五—任务一简介

【案例 5-1】旅客乘坐高铁时被同车厢其他旅客携带的行李砸伤

【事故概况】2017 年 7 月 23 日,谢女士乘高铁从广州南始发前往湖南永州。列车起动后不久,谢女士就被同车厢的李女士、刘先生(二人系情侣)的行李砸中头部而受伤。据谢女士出具的广铁集团客运记录显示:2017 年 7 月 23 日,G6076 次,广州南开车。该次列车 7 号车厢 7A 上方行李架上的 1 个茶叶礼品硬纸盒(放置在 1 个行李箱上面)砸到旅客谢女士的头部。列车立即广播寻找医生诊断救治。第三方责任人李女士、刘先生强行在祁东站下车,留有联系电话。另据谢女士提供的民事起诉状显示,门诊诊断其受伤情况为:急性颅脑损伤、脑震荡、顶部头皮挫伤,应激障碍。

【事故分析】原告谢女士及其代理律师诉称,谢女士乘坐被告运营列车,但被告未履行安全送达义务,任第三方李女士、刘先生将物品放置在行李架上的箱子上,导致物品掉落后砸伤原告。同时,被告系车上货物的暂时保管人,理应在列车高速运行前,检查行李架上的物品是否搁置妥当(图5-1),但由于被告未履行检查义务,导致其暂时代为保管的物品掉落砸伤原告,存在重大过错,对原告的损失应承担全部赔偿责任。被砸伤后,医药费是受伤者垫付的,其间铁路部门既没有向受伤者道歉也没有去医院看望。

被告认为,列车起动后,乘务员正按操作规程有序进行安全检查,但因李女士、刘先生自身未妥善放置个人物品,导致伤人事故在列车起动后短短 5min 之内便骤然发生。因此,李女士、刘先生两人应承担

图 5-1　高速铁路列车工作人员检查行李

赔偿责任。同时,在谢女士被砸伤后,列车长通过列车广播找到了两名医护人员对其进行紧急救治,并安排其进入商务车厢进行休息,更多次协调两方在最近车站下车对原告进一步治疗等,已尽到了相应责任,因此不需要对原告进行赔偿。

铁路运输企业若有过错,应承担相应补充赔偿责任。

谢女士的遭遇并非孤例。据新京报报道,×年1月5日14时55分,夏先生从武汉火车站搭乘 D3265 次列车,按计划将于大冶北站下车。途中,夏先生座位上方行李架的一个行李箱掉落,砸中夏先生头部。报道还称,夏先生妻子说,因为事发于动车上,因此他们想向铁路部门讨要说法及赔偿,但与中铁南昌局福州客运段工作人员电话沟通后,对方未同意。

遇到类似情况,当事人应如何维权?

在上述事件中,导致夏先生受伤的行李箱主人积极对其进行了赔偿,但夏

先生向铁路部门提出的赔偿要求则遭到了拒绝。记者查阅资料发现,从2013年1月1日起,火车票中包含的票价2%的保险费被剔除,"铁路旅客意外伤害保险"不再需要强制购买而是由旅客自行选择。从这方面来看,受伤旅客如未购买意外伤害保险,确实无法得到保险公司赔偿。

然而,在类似事件中,铁路部门是否完全没有责任呢?

根据2021年实施的《最高人民法院关于审理铁路运输人身损害赔偿纠纷案件适用法律若干问题的解释》,第六条规定,因受害人的过错行为造成人身损害,依照法律规定应当由铁路运输企业承担赔偿责任的,根据受害人的过错程度可以适当减轻铁路运输企业的赔偿责任,并按照以下情形分别处理:

(一)铁路运输企业未充分履行安全防护、警示等义务,铁路运输企业承担事故主要责任的,应当在全部损害的百分之九十至百分之六十之间承担赔偿责任;铁路运输企业承担事故同等责任的,应当在全部损害的百分之六十至百分之五十之间承担赔偿责任;铁路运输企业承担事故次要责任的,应当在全部损害的百分之四十至百分之十之间承担赔偿责任;

(二)铁路运输企业已充分履行安全防护、警示等义务,受害人仍施以过错行为的,铁路运输企业应当在全部损害的百分之十以内承担赔偿责任。

铁路运输企业已充分履行安全防护、警示等义务,受害人不听从值守人员劝阻强行通过铁路平交道口、人行过道,或者明知危险后果仍然无视警示规定沿铁路线路纵向行走、坐卧故意造成人身损害的,铁路运输企业不承担赔偿责任,但是有证据证明并非受害人故意造成损害的除外。

实际上,越来越多的旅客选择高铁出行,发生这类意外事件确实难以避免。分析认为,为避免此类意外发生,旅客要树立安全意识,妥善放置好个人物品,铁路方面应当做好列车安全设计、加强车厢安全巡视。就后者而言,其实一些地方也有积极探索,如据媒体此前报道,从青岛北至沈阳北的G1248次列车为旅客配备了"爱心锁",旅客将行李搁置安稳后,列车长会将行李锁定在行李架上,安全又牢靠。

一、高速铁路列车旅客意外伤害处置的基本原则

高速铁路列车发生旅客疾病或意外伤害时,列车长应立即会同铁路公安民警到达现场,视旅客情况妥善处理;必要时要及时向列车所在铁路局集团公司及本铁路局集团公司客调、本段派班室及车队汇报。

二、高速铁路列车旅客意外伤害的处理程序

高速铁路列车发生旅客意外伤害事故时,列车员要立即对受伤害旅客进行救护和处理。其处理程序如下:

(1)当车内发现或旅客报告发生了意外伤害事故时,列车员立即向列车长汇报,不论伤情大小,列车长必须到场处理,了解旅客受伤情况、发生原因;通知

广播寻找医生,及通知铁路公安民警到场,并积极给予安抚和进行必要的救治;征求旅客意见,按规定编制客运记录交站处理。

(2)及时将情况向段派班室、车队汇报,并随时将救治情况向上述部门汇报及接受指示。

(3)若发生旅客受伤人数较多且有人生命垂危时,应封锁事故现场,维护现场秩序,严禁与救援无关的人员进入现场。

(4)必要时可请求停点,向当地人民政府、驻军和医院通报请求支援。

(5)对征求旅客中参与救治的医务人员的身份、姓名、工作单位及抢救用药情况等信息做好记录。

(6)收集旅客车票、身份证、旅客旁证材料(2份及以上)、列车工作人员证明材料(2份及以上)。

(7)编写客运记录,按规定办理站车交接。规范编制客运记录。当发生旅客人身伤害事故时,列车长要按规定编制客运记录,收集旅客旁证材料交站处理。编制客运记录的主要内容包括日期、车次、旅客姓名、性别、年龄、身份证号码、联系方式、住址、车票发到站、票号、受伤地点、受伤原因、受伤部位、处理简况等。

(8)受伤害旅客在列车内死亡(包括抢救无效死亡),列车长要请参与抢救的医务人员在记录上注明死亡原因,并立即通知铁路公安民警到场共同进行调查处理(除收集上述材料外,还要收集旅客随身携带物品);列车长与铁路公安民警共同编写客运记录,按规定与车站客运和公安共同办理交接。

(9)若发生旅客意外伤害事故,列车长要立即向上级客运主管部门拍发事故速报(条件允许应先用电话报告事故概况)。若发生重大、特大事故时,还应立即向国铁集团客运主管部门和所属铁路局集团公司拍发事故速报。

三、旅客意外伤害应急处置流程

旅客意外伤害应急处置流程,如图5-2所示。

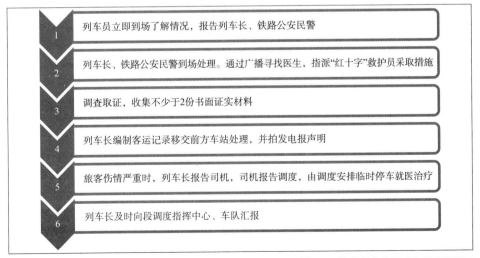

图5-2 旅客意外伤害应急处置流程图

相关实训

分组,通过本项目"实训四 高速铁路旅客伤害应急处理实训任务工单",编写实训方案,运用该任务相关知识进行角色扮演,模拟旅客出现意外伤害的情境进行训练,落实现场处理主要环节及作业要点,各小组派代表进行总结汇报,小组互评、教师点评。实训中要求做到"教、学、做"一体化,提高学生运用理论知识解决实际问题的能力。

思考题

1. 高速铁路列车旅客意外伤害处置应遵循什么基本原则?
2. 高速铁路列车旅客受到意外伤害时应如何处理?

任务二 旅客食物中毒应急处理

项目五—任务二简介

【案例5-2】旅客食用高铁列车餐车盒饭食物中毒

【事故概况】×年9月8日,G505列车上,一名旅客发现其购买的室温连锁午餐发霉,食用后导致呕吐和腹泻。该发霉盒饭由××公司生产,××公司购销给旅客。

【事故分析】广州铁路对此事高度重视,广州铁路食品安全监督管理办公室立即成立调查组对事件进行调查。××公司已于当日对同批次产品全部下架封存,暂停采购××公司的高铁列车盒饭。

铁路部门表示,相关调查结果及问责情况将第一时间向社会公布,并向旅客表示诚挚歉意。下一步将完善相关机制,全力加强旅客列车食品安全监督管理,切实维护旅客权益。

一、高速铁路列车发生旅客食物中毒事件时的处置程序

高速铁路列车发生旅客食物中毒事件时的处置程序如下:

(1)高速铁路列车发生旅客疑似食物中毒事件,列车长应立即向司机、客服调度和段派班室报告。报告内容包括日期、车次、时间、运行区段、中毒人数、危重中毒旅客人数、死亡人数、中毒旅客车厢分布人数、主要症状表现、可疑食品、采取的急救和现场控制措施等(图5-3)。

(2)列车长应组织"红十字"救护员对中毒旅客进行初步救治,同时通过列车广播在旅客中寻找医生一起对中毒旅客进行救护;列车工作人员应对疑似中毒旅客及其密切接触者进行登记,封锁现场,封存可疑食品、食具用具等。

(3)如不能排除是列车供应食品所致,列车要立即停止食品供应,追回已售出的可疑食品,通知旅客停止继续食用,防止事态扩大。

(4)列车长要安排专人负责收集中毒旅客呕吐物、排泄物、剩余食品,使用密闭清洁容器存放,标识清楚(包括中毒旅客姓名、采集时间、是否用药、存放地点、收集人姓名等),交铁路卫生防疫部门待查。

(5)需停站处置时,高速铁路列车在最近具备医疗抢救条件的车站停车,列车长通知前方停车站做好抢救准备工作。

(6)列车长在指定停车站将疑似中毒旅客及相关资料移交车站和铁路卫生防疫部门。

(7)高速铁路列车应积极配合现场的医疗和防疫部门工作。

a)　　　　　　　　　　　　　　b)

图 5-3　旅客食物中毒应急处置

二、车站发生旅客食物中毒事件的应急处置程序

车站发生旅客食物中毒事件的应急处置程序如下:

(1)车站发生旅客疑似食物中毒事件,应立即向铁路疾控部门和卫生监督部门报告。

(2)车站应对有关人员进行登记,封锁现场,封存可疑食品、食具用具等。铁路疾控部门应收集并查验中毒人员的呕吐物、排泄物。

(3)车站应积极配合现场的医疗和疾控部门、卫生监督部门工作。

(4)遇上述应急状况时,由调度所客运调度员通知客服中心解答口径,以便客服代表回复旅客的咨询和投诉。

三、食物中毒急救方法

一般食物中毒都是急性的,主要症状表现为呕吐、腹泻,严重的甚至死亡,所以一旦出现食物中毒症状,在医务人员到达之前,对中毒旅客进行适当的现场救治是非常重要的。其急救方法有如下几种。

(一)催吐

催吐是一种非常简单且很有效的方法。

方法:用干净的手指探入中毒者喉咙深处轻轻划动,也可用筷子、汤匙等;或者让中毒者喝些盐水,有补充水分和洗胃的作用。

值得注意的是,催吐要在吃完食物 2h 内效果才明显。中毒者若已昏迷则不能催吐,以免呕吐物堵塞气道。

(二)导泻

进食2h后,食物已到了小肠、大肠里,这时进行催吐是没什么效果的,必须考虑导泻。

方法:将中药大黄用开水泡服,也可用元明粉,即无水硫酸钠。注意:导泻适用于体质较好的年轻人;对于小孩和老年人须慎用,以免引起脱水或电解质紊乱。

食醋具有一定的杀菌抑菌能力。对于腹泻也有一定的防治功效,所以吃了过期变质的食物时,可先用食醋加开水冲服。此外,牛奶或蛋清中含有蛋白质,可以缓解重金属中毒。如果中毒情况严重,就要及时送往医院就医。

相关实训

分组,通过本项目"实训四 高速铁路旅客伤害应急处理实训任务工单"编写实训方案,运用该任务相关知识进行角色扮演,模拟旅客出现食物中毒的处置情境进行训练,落实现场处理主要环节及作业要点,各小组派代表进行总结汇报,小组互评、教师点评。实训中要求做到"教、学、做"一体化,提高学生运用理论知识解决实际问题的能力。

思考题

1. 高速铁路列车发生旅客食物中毒事件时应如何处理?
2. 旅客食物中毒有哪些急救方法?

项目五—任务三简介

任务三 旅客突发疾病应急处理

【案例5-3】高铁列车上患病儿童突发昏迷

【事故概况】×年2月16日17时35分,G138次列车即将进站,济南西站接到车长无线电联控,称15号车厢内一名儿童突发昏迷(图5-4),请求车站予以协助救治。济南西站值班站长立刻联络120救护车到达济南西站落客平台,在G138次列车到达后,济南西站工作人员李某立即引导急救人员通过绿色通道来到铁路旅客关切中心,为患病儿童进行紧急救治。

【事故分析】济南西站值班站长接到G138次列车长联络信息后,立即启动应急预案,通知客服中心联系120救护车,并迅速来到G138次列车15号车厢候车处等待患病儿童及其家长。此时站台温度-5℃左右,担心儿童病情加重,济南西站工作人员李某引导家长和儿童通过车站无障碍电梯来到候车室内,在旅客关切中心等待急救人员的到来。值班站长寸步不离患病儿童及其家长身边,不时安抚旅客情绪,并密切关注急救车行驶情况。据了解,一家人原本乘坐G138次列车从曲阜东站前往北京南站,上车30min后儿童突然昏迷,家长十分担心,迅速向工作人员求助。

a)

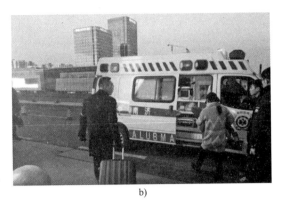
b)

图 5-4　高铁列车上患病儿童突发昏迷

17 时 50 分,120 救护车到达济南西站落客平台,经过医护人员的初步救助,儿童基本恢复意识。为确保儿童病情诊断无误,在医务人员建议下,患病儿童被送往济南市儿童医院进行进一步检查。

一、旅客突发疾病的应急处置程序

当高速铁路列车运行中遇有旅客突发疾病时,列车长应立即通知高速铁路列车司机;是否需要前方车站 120 救护车到站抢救,由司机及时向列车调度员或车站值班员报告。列车调度员要及时安排列车在前方有医疗条件车站临时停车,列车调度员或车站值班员根据司机请求通知 120 救护车到站实施抢救。旅客突发疾病应急处置程序如下:

(1)列车长利用配备的急救药箱,安排"红十字"救护员进行初步救护;遇旅客伤害、病情较严重时,及时通过广播寻找医务工作者帮助救治,并根据救治需要,提前协调医务工作者全程参与救治,直至医疗机构救护人员到场。

(2)需临时停车抢救时,列车长要及时通知司机,由司机向列车调度报告,列车长根据司机传达的停站通知做好交站准备。在临时停车前遇旅客死亡时,列车长应立即通知客服调度员并及时组织对该旅客座位和可能污染的场所进行应急消毒。

(3)列车长要会同铁路公安民警(列车安全员)勘查现场,收集旁证物证,调查旅客受伤、死亡原因,收集同行人或见证人证词不少于 2 份;根据有效证件确定死亡旅客的姓名、单位、住址。对参加救治医生的单位、姓名、联系方式等信息进行登记。

(4)列车长编制客运记录,将意外伤亡旅客连同车票、携带品一并交车站处理,列车工作人员不下车参与处理。若因故未及时移交相关材料时,列车长可在 3 日内向受理车站补交。

(5)旅客人身伤害系斗殴等治安或刑事案件所致,铁路公安民警(列车安全员)应与站警办理案件交接。

(6)列车工作人员发现无人护送的精神异常旅客时,应立即报告列车长、铁路公安民警(列车安全员)。列车长应指定专人看护,铁路公安民警(列车安全员)协助处理,并编制客运记录移交旅客票面到站;对于有人护送的精神异常旅客,列车长应向护送人强调安全注意事项,并予以协助。精神异常的旅客不准单独行动,离座时必须有同行人护送。

(7)精神异常旅客狂躁威胁他人人身安全或有自残行为时,由铁路公安民警(列车安全员)或通知站警依法对其采取措施进行约束。

二、旅客突发疾病或受伤应急处置流程

旅客突发疾病或受伤的应急处置流程,如图5-5所示。

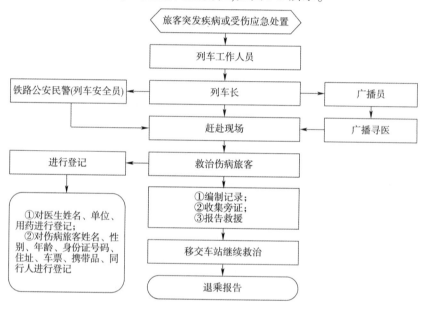

图5-5 旅客突发疾病或受伤应急处置流程

相关实训

分组,通过本项目"实训四 高速铁路旅客伤害应急处理实训任务工单"编写实训方案,运用该任务相关知识进行角色扮演,模拟旅客出现突发疾病或受伤应急处置的情境进行训练,落实现场处理主要环节及作业要点,各小组派代表进行总结汇报,小组互评、教师点评。实训中要求做到"教、学、做"一体化,提高学生运用理论知识解决实际问题的能力。

思考题

1. 旅客突发疾病应如何处理?
2. 对受伤旅客应登记哪些信息?

任务四　其他旅客伤害应急处理

【案例5-4】高铁列车上旅客吐血不止

【事故概况】×年5月16日18时36分,高铁缙云西站客运值班员接到上海局集团公司综控室电话,称G1458次高铁上一名旅客口吐鲜血不止,请求高铁缙云西站紧急救援(图5-6)。缙云西站迅速组织高铁办工作人员、铁路公安民警将生病旅客送往医院救治,直至脱离危险。

【事故分析】缙云西站接到电话后,车站值班人员立即打通缙云县人民医院120电话,请120救护车以最快速度赶至缙云西站。同时,车站值班站长迅速组

图5-6　高铁列车上旅客吐血不止紧急救援

织高铁工作人员、铁路公安民警等候在即将到站的G1458高铁列车4号车厢停靠处,准备配合高铁乘务员将生病旅客接下列车。

18时40分,G1458次高铁列车到站,生病旅客被抬下列车,此时这名旅客已经不省人事,车站工作人员将旅客抬至轮椅上并快速送至出站口120救护车处,由车站值班站长随救护车一同至缙云县人民医院抢救,在车站转运的全部过程只用了4min。

到达医院后,经医生全力抢救,该旅客终于脱离了危险。据医生介绍,该旅客是因消化道出血引起口吐鲜血,如果再晚一点送到医院,后果不堪设想。

在医院里,车站工作人员用该旅客的手机与其家人取得了联系,告知病人情况,并为了节省其家人买票时间而帮忙先在网上买好火车票。

一、高速铁路列车运行中发生路外伤亡事故的应急处置措施

高速铁路列车运行中发生路外伤亡事故的应急处置措施如下:

(1)高速铁路列车运行中发生路外伤亡事故,司机应立即采取停车措施。停车后立即报告列车调度员,同时请求办理随车机械师下车检查调度命令。

(2)列车调度员接到司机报告后,应发布调度命令通知邻线运行的列车司机通过该段时限速120km/h;再发布调度命令通知司机,准许随车机械师下车检查列车。该命令准许使用列车无线调度通信设备发布、转达。

(3)司机接到准许随车机械师下车检查调度命令后,应通知随车机械师和列车长。随车机械师接到司机通知后,应立即下车检查,确认列车技术状态。若无异状、不影响列车继续运行时,应立即通知司机启动车辆,车辆运行后及时报告列车调度员;如不能继续运行时,按有关规定进行防护和组织救援。

(4)列车调度员接到发生路外伤亡事故报告后,应立即通知公安机关人员到现场处置。公安机关人员应及时了解、上报现场勘察处置情况。

(5)随车机械师下车检查处置必须在运行方向左侧,列车长负责车上监护。司机应密切注意邻线来车情况,遇邻线来车时应用电台及时通知下车检查的机械师,确保作业人员的人身安全。

(6)列车长接到司机通知后,应立即广播告知旅客临时停车;通知列车员巡视车辆车门,解答旅客问题,安抚旅客情绪,制止旅客不安全行为。

二、发生行车安全事故造成人员伤亡时的应急预案

发生行车安全事故造成人员伤亡时的应急预案如下:

(1)列车长立即向派班室和前方站报告。报告内容包括日期、车次、时间、运行地点、受伤及死亡人数、事故性质等。

(2)旅客伤害、病情严重必须临时停车送医院抢救时,列车长需及时通知司机,由司机向列车调度员请示在最近前方站临时停车,下交伤病旅客。

(3)列车长编制客运记录,将伤病旅客连同车票、携带品一并交车站处理。

(4)如遇旅客在列车上意外死亡时,应按规定程序报告所在地铁路卫生防疫部门,由卫生防疫部门对列车进行消毒等处理。

相关实训

分组,通过本项目"实训四　高速铁路旅客伤害应急处理实训任务工单"编写实训方案,运用该任务相关知识进行角色扮演,模拟旅客出现其他旅客伤害应急处理的情境进行训练,落实现场处理主要环节及作业要点,各小组派代表进行总结汇报,小组互评、教师点评。实训中要求做到"教、学、做"一体化,提高学生运用理论知识解决实际问题的能力。

思考题

1. 发生行车安全事故造成人员伤亡时应如何处理?
2. 高速铁路列车运行中发生路外伤亡事故应如何处理?

任务五　旅客应急救援常识

【案例 5-5】护士旅客在高铁站候车急救 2 岁男童

【事故概况】×年 2 月 8 日上午 11 时左右,岳阳高铁站一名 2 岁左右的男童出现抽搐、流涎、双眼上翻、目光呆滞等症状,一名护士旅客对其进行急救,之后男童被及时送往医院救治。

【事故分析】据了解,男童的妈妈独自一人带着 2 岁的儿子去广东,结果孩子途中发病,出现抽搐、流涎、双眼上翻、目光呆滞等症状,测量体温达到了 39.1℃。

湖南省儿童医院急诊综合一科护士旅客返程回长沙在岳阳高铁站候车时,突然听见广播里传出求救信息,寻求医务人员前往一楼候车厅急救。护士旅客立即从二楼候车厅找到工作人员带她去往需要救助的现场,她看到孩子身上穿了2件棉衣,当机立断解开孩子厚厚的衣服散热,掐住孩子的人中、虎口,疏散了围观的群众,让孩子能呼吸到新鲜的空气,并第一时间拨打120急救电话,把自己的电话号码留给了孩子的妈妈。在这位护士旅客的应急救援后,孩子被送往岳阳市二医院救治,病情稳定。

二维码3

一、心肺复苏术(相关教学资源见二维码3)

心肺复苏急救术(CPR)是针对骤停的心脏和呼吸采取的救命技术,而心搏骤停是指由各种原因引起的心脏突然停止跳动,导致有效心脏功能和血液循环突然中止,若4~6min内得不到有效的处理,就会引发全身组织细胞严重缺血、缺氧和代谢功能障碍。这时若不及时抢救很可能立刻失去生命。

心肺复苏术的胸外按压主要是针对心搏骤停者进行急救的。如果不是心脏骤停导致的昏厥,乱用心肺复苏术,反而会带来额外伤害。能否做心肺复苏,主要取决于对患者生命体征的判断,即心跳、呼吸,对于置身嘈杂环境中,没有受过系统医学知识培训的人而言,还是有难度的。尤其对于微弱的心跳、呼吸,很难界定。但心肺复苏指南中指出:对于无法判断生命体征是否存在,可以直接先行采取心肺复苏术。

(一)确定是否使用心肺复苏术的判断步骤

(1)轻拍昏迷患者的肩部,并对其呼喊。

(2)若患者仍没有苏醒迹象,则必须拨打120急救电话。

(3)将昏迷患者安置于阴凉通风处;在不知道其昏迷原因的情况下,避免二次伤害,不要轻易搬动昏迷患者。

(4)尽量弄清楚患者昏迷的原因,等待120救护车到来之前,对昏迷患者进行初步判定,以便实施抢救。

(二)实施心肺复苏术的程序

现场心肺复苏术主要分为打开气道、人工呼吸和胸外心脏按压这3个步骤(一般称为ABC步骤):

A——患者的意识判断和打开气道;B——人工呼吸;C——人工循环。

1.意识判断和打开气道

(1)意识判断。当发现昏迷倒地的患者,首先必须判断其是否失去知觉。意识判断的方法有以下几种:

①喊话并轻拍患者肩膀。

②呼救(请现场的人或附近的人协助抢救,拨打120急救电话或通知就近的医疗单位)。

③调整患者体位。当患者呈俯卧状态时,应先将患者两手上举,再将外侧(远离抢救者侧)下肢膝盖弯曲后驾在内侧(靠近抢救者侧)肢体上;然后一只手护着患者的颈部,另一只手置于患者的胸部,小心、平稳、慢慢地将患者转为仰卧位,并将其两上肢放在躯干两旁。另一个方法是先将患者内侧下肢交叉在外侧肢体上,再将外侧上肢抬肩伸直靠于头侧,一只手绕过患者内侧的上肢托肩,另一只手置于患者髋关节处,将其转为仰卧位,并将其两上肢放在躯干两旁。

(2)打开气道(图5-7)。患者心跳呼吸停止、意识丧失后,全身肌肉松弛,口腔内的舌肌也会松弛,舌根后坠而堵塞呼吸道,造成呼吸阻塞。在进行口对口吹气前,必须打开气道,保持气道通畅。

图5-7 开放气道

操作者站或跪在患者一侧,一只手置于患者前额上稍用力后压,另一只手用食指置于患者下颌下沿处,将颌部向上、向前抬起,使患者的口腔、咽喉轴呈一条直线。再通过看(胸廓有无起伏)、听(有无气流呼出的声音)、感觉(面部感觉有无气流呼出)3种方法检查患者是否有自主呼吸。如无自主呼吸,应立即进行口对口吹气。

2. 人工呼吸

人工呼吸(图5-8),即口对口吹气,是向患者提供空气的有效方法。操作者置于患者前额的手在不移动的情况下,用拇指和食指捏紧患者的鼻孔,以免吹入的气体外溢;深吸一口气,尽力张嘴并紧贴患者的嘴,形成

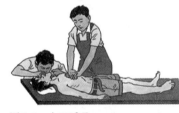

不透气的密封状态,以中等力量,每次1~1.5s的速度向患者口中吹入约为800mL的空气,吹至患者胸廓上升。吹气后,操作者即抬头侧离一边,捏鼻的手同时松开,以利于患者呼气。如此以12次/min吹气的频率(儿童15次/min,婴儿20次/min)反复进行,直到患者有自主呼吸为止。

图5-8 人工呼吸

3. 人工循环

人工循环(图5-9)是通过胸外心脏按压形成胸腔内外压差,维持血液循环动力,并将人工呼吸后带有氧气的血液供给脑部及心脏以维持生命。其方法如下:

(1)判断患者有无脉搏。操作者跪于患者一侧,一只手置于患者前额,使头部保持后仰位,另一只手以食指和中指尖置于喉结上,然后滑向颈肌(胸锁乳突肌)旁的凹陷处,触摸颈动脉。如果没有搏动,表示心脏已经停止跳动,应立即进行胸外心脏按压。

(2)胸外心脏按压。其按压步骤如下:

①确定正确的胸外心脏按压位置。先找到肋弓下缘,用一只手的食指和中指沿肋骨下缘向上摸至两侧肋缘于胸骨连接处的切痕迹,以食指和中指放于该切迹上,将另一只手的掌根部放于横指旁,两手叠放,两手手指交叉扣起,手指离

图5-9 人工循环

开胸壁。

②施行按压。操作者前倾上身,两肩位于患者胸部上方正中位置,两臂与患者的胸骨垂直,利用上半身的体重和肩臂力量,垂直向下按压胸骨,使胸骨下陷4～5cm;按压和放松的力量及时间必须均匀、有规律,不能猛压、猛松。放松时掌根不要离开按压处。按压的频率为80～100次/min,按压与人工呼吸的次数比率:单人复苏为15∶2,双人复苏为5∶1。

二、止血包扎

如果患者没有出现心搏骤停的现象,那么出血则是外伤中常见急症之一。此时,首先要对患者进行止血处理。其处理方法有如下几种。

1. 指压止血法

指压止血法是一种简单有效的临时性止血方法。它是根据动脉的走向,在出血伤口的近心端,通过用手指压迫血管,使血管闭合而达到临时止血的目的,然后再选择其他的止血方法。指压止血法适用于头、颈部和四肢的动脉出血。

2. 加压包扎止血法

加压包扎止血法是急救中常用的止血方法之一。它适用于小动脉、静脉及毛细血管出血。止血时用消毒纱布或干净的手帕、毛巾、衣物等敷于伤口上,然后用三角巾或绷带加压包扎。压力以能止住血而又不影响伤肢的血液循环为宜。若伤处有骨折时,须另加夹板固定。关节脱位及伤口内有碎骨存在时不用加压包扎止血法。

3. 加垫屈肢止血法

加垫屈肢止血法,主要适用于上肢和小腿出血,在没有骨折和关节损伤时也可采用。

4. 止血带止血法

当遇到四肢大动脉出血,使用上述方法止血无效时,可以采用止血带止血法。常用的止血带有橡皮带、布条止血带等,但不到万不得已时不要采用止血带止血。

三、骨折的急救原则

骨折的急救原则如下:

(1)在处理开放性骨折伤口时,要先对局部进行清洁消毒,用纱布包好伤口后,再进行固定。严禁把暴露在伤口外的骨折断端送回伤口内,以免造成伤口污染和再度刺伤血管和神经。

(2)对于大腿、小腿、脊椎处的骨折,一般要就地固定,不要随意移动伤者,更不要盲目复位,避免加重伤口损伤程度。

(3)固定骨折所用的夹板的长度与宽度要与骨折肢体相称,其长度一般应超过骨折上下两个关节为宜。

（4）固定用的夹板不应直接接触皮肤。在固定时可用纱布、三角巾垫、毛巾、衣物等软材料垫在夹板和肢体之间；特别是夹板两端、关节骨头突起部位和间隙部位，可适当加厚垫层，以免引起皮肤磨损或局部组织压迫坏死。

（5）固定、捆绑的松紧度要适宜，过松达不到固定的目的；过紧会影响血液循环，导致肢体坏死。固定四肢时，要将指（趾）端露出，以便随时观察肢体血液循环情况。如发现指（趾）苍白、发冷、麻木、疼痛、肿胀、甲床青紫时，说明固定、捆绑过紧，血液循环不畅，应立即松开，重新包扎固定。

（6）对四肢骨折进行固定时，应先捆绑骨折断处的上端，后捆绑骨折断处的下端。若捆绑顺序颠倒，则会导致再度错位。固定上肢时，肢体要屈着绑（屈肘状）；固定下肢时，肢体要伸直绑。

（7）送医治疗。既然是外伤的急救处理，就说明外伤情况比较严重，在针对其外伤症状做了及时的相应处理后，最后都需要及时送至医院进行抢救、治疗。

相关实训

分组，通过本项目"实训四　高速铁路旅客伤害应急处理实训任务工单"编写实训方案，运用该任务相关知识进行角色扮演，模拟旅客出现需要进行心肺复苏术、止血包扎等应急救援的情境进行训练，落实现场处理主要环节及作业要点，各小组派代表进行总结汇报，小组互评、教师点评。实训中要求做到"教、学、做"一体化，提高学生运用理论知识解决实际问题的能力。

拓展提高

1. 高铁车站发生重大疫情时的应急处置

（1）车站发现疑似鼠疫、霍乱等重大疫情的病例或接到车站有疑似病例的通知时，应立即向铁路疾控部门报告。

（2）车站应隔离传染病人、疑似病人和密切接触者，紧急疏散其他旅客，并对有关人员进行登记。

（3）车站应封锁已经污染或可能污染的区域，由铁路疾控人员对该区域进行消毒。

（4）车站应将传染病人、疑似病人和密切接触者以及其他需要跟踪观察的旅客连同资料一起移交铁路疾控部门。铁路疾控部门确认处置完毕后，方可解除区域封锁。

（5）公安部门应维护好站内秩序，确保区域封锁、旅客隔离和疏散等工作正常开展。

（6）车站应积极配合现场的医疗和疾控部门工作。

（7）遇上述应急状况发生时，由调度所客运调度员通知客服中心解答口径，以便客服代表回复旅客的咨询和投诉。

2. 站车遇有突发精神病旅客的处理办法

(1)站车发现精神病旅客时(含有人护送),必须严格执行国铁集团相关规定。

(2)在车站候车室、售票室、站台、列车上,若有旅客突发精神病(癔症)时,站车工作人员必须按重点旅客认真对待。对已突发精神病的旅客,现场工作人员需做到:发现旅客语言、行为不正常迹象时要坚守岗位,耐心做好安抚工作,并迅速委托他人通知站长、客运值班主任、列车长、铁路公安民警到场;遇有旅客精神病狂躁发作,可能危及自身及他人安全时,应妥善发动周边旅客协助,采取强制制服措施,并委托他人通知站长、客运值班主任、列车长、铁路公安民警到场;站长、客运值班主任、列车长、铁路公安民警到场后,应首先果断采取可靠的束缚措施,铁路公安民警还应迅速搜身以防其用器械伤人或其贵重物品遗失,并在保证安全的基础上将其带到远离人员密集处的合适处所,指定不少于2人进行看护;利用广播求助医务工作者到场协助。

 思考题

1. 如何进行心肺复苏术?
2. 止血包扎有哪些方法?
3. 骨折急救应遵循哪些原则?

实训四 高速铁路旅客伤害应急处理实训任务工单

年　　月　　日

非正常情况类型	
实训目标	1. 专业能力目标 (1)能说出旅客意外伤害和旅客食物中毒的应急处理程序; (2)能说出旅客突发疾病的应急处理程序; (3)能解释其他旅客伤害的应急处理程序。 2. 方法能力目标 (1)能综合运用高速铁路客运安全与应急处理专业知识,通过高速铁路客运安全与应急处理书籍、课件和图片资料获得帮助信息; (2)能根据实训项目学习任务确定实训方案,从中学会表达及展示活动过程和成果。 3. 社会能力目标 (1)培养学生按章作业的习惯; (2)培养学生分析问题、解决问题的能力和严谨认真的工作态度; (3)树立团队协作的意识。

续上表

岗位分工		作业环节	作业要点	组内自评	组内互评		
姓名	岗位				组1	组2	组3

注:1. 高速铁路旅客应急处理实训任务工单可根据实际情景进行增删设计。

2. 组内自评满分10分;组内互评满分10分,让组员根据实训表现互相打分,取平均分。

相关规章

《铁路旅客人身伤害及携带品损失处理暂行办法》
(节选自某铁路局集团公司文件)

……

第二章 现场处置与报告

1. 列车、车站发生旅客人身伤害时,站车工作人员应当到场查看旅客伤害情况,报告列车长、站长组织救护,稳定人员情绪,维护现场秩序。

2. 因旅客伤害需交车站处理时,应移交前方县、市所在地车站或者当地具备公共医疗条件的停车站;需要提前报告运行所在铁路局客运调度时,由客运调度通知车站做好救护准备工作。

3. 旅客不同意在前款规定的停车站下车处理时,应当由旅客出具拒绝下车治疗的书面声明,并按照本办法第十一条规定收集两份及以上证人证言。

4. 列车因旅客伤害严重需紧急停车处理或发生3人以上疑似食物中毒的,应立即报告运行所在铁路局客运调度。接到报告后,客运调度应当立即根据列车长提出的要求,通知有关车站及值班主任(列车调度员),需要停车处理的停车处理,并报告本铁路局客运处。

5. 列车发现旅客在区间坠车时应当立即停车按照本办法第四条处理,并通知就近车站或将受伤旅客移交就近车站。需要防护时,按有关规定处理。

6. 不具备停车条件或者迟延发现的,列车长应当报告运行所在铁路局客运调度;客运调度员接到报告后立即通知值班主任,值班主任通知相关列车调度员和铁路公安局指挥中心,由列车调度员和铁路公安局指挥中心分别通知邻近车站及车站铁路公安派出所派人寻找。列车运行至前方停车站时,列车长应拍发电报,向发生地和列车担当铁路局主管部门报告。

7. 车站对本站发生的及列车移交的伤害旅客,应当及时联系当地医疗急救机构或送就近医院抢救。

发生医疗费用时,应当根据对责任的初步判断,属于旅客自身责任或第三人责任的,由旅客或第三人支付医疗费用。

暂不能区分责任或者责任人不明、无力承担的,经处理站站长或者车务段段长批准,可用站进款垫付。

动用站进款时,填写或补填"运输进款动支凭证"(财收-29),10 日内由核算站或车务段财务拨款归还。

8. 受伤旅客经现场抢救无效死亡,或对站内、区间发现的旅客尸体,经医疗部门或公安机关确认死亡,公安机关现场勘查结束后,车站应当转送殡仪馆存放(在此之前,车站应将尸体转移至适当地点并派人看守),并尽快通知其家属。尸体存放原则上不超过 10 日。

死者身份不清且在地(市)级以上报纸刊登寻人启事后 10 日仍无人认领的,应当根据铁路公安机关书面意见处理尸体;系不法侵害所致的,应当根据铁路公安机关书面意见并商死者家属意见处理尸体。

对死者的车票、衣物、随身携带物品等应当妥善保管,并于善后处理时一并转交其继承人;死者身份不明或者家属拒绝到站处理的,按无法交付的物品处理。

外国人在铁路站车死亡的按照《关于转发〈民政部、外交部、公安部关于外国人在华死亡后处理程序有关问题的实施意见〉的通知》(公法〔2008〕25 号)处理。

9. 发生旅客人身伤害、需要保护现场时,应当及时采取措施保护现场,禁止与救援、调查无关的人员进入。必要时,可请求地方政府协助。

10. 发生旅客人身伤害后,列车长、站长应当及时组织现场查验,全面搜集、梳理相关证据资料,检查旅客所持车票的票种、票号、发到站、车次、有效期及有效身份证件信息等,描绘现场旅客定位图,收集不少于两份同行人或见证人的证言及查验记录、现场照片、录像等其他相关证据,形成比较完整的证据链。这些证据能够证明发生的过程和原因,初步明确性质,并妥善保管。

旅客或第三人能够说明事件发生经过或责任的,应当由其出具书面材料,并签字确认。

涉及违法犯罪或者旅客死亡的,由铁路公安机关组织现场勘查。

证人应当具有完全民事行为能力。证人证言中应当记录证人的姓名、性别、年龄、地址、联系方式、有效身份证件信息等内容。有医务工作人员参加救治时,应当由其出具参与救治经过的证言。

证言、证据应当真实,能够反映发生的时间、地点、过程、原因和结果。

11. 列车向车站移交伤害旅客时,车站不得拒绝接收。

办理移交手续时,列车应当编制客运记录和旅客携带物品清单一式两份,一份由列车存查，一份连同车票、证明材料、相关证人或其联系方式等一并移交。客运记录应载明日期、车次，旅客姓名、性别、年龄、国籍、民族、职业、单位、有效身份证件号码、联系方式、住址，车票种类、号码、发站、到站、车厢、席位，受伤地点、受伤原因、受伤部位，处理简况，以及证据材料清单等内容。因时间来不及记明前述内容时，可在客运记录中简要记明日期、车次、下交原因，并须在3日内向处理单位补交有关材料。特殊情况来不及编制客运记录时，列车长或其指定的专人应随同伤害旅客下车办理交接。涉及第三人时，应将第三人同时交站处理。

对已经控制的违法、犯罪嫌疑人，应当及时移交车站铁路公安派出所。

12. 列车发现精神异常旅客时，应重点关注，并按规定交到站或下车站妥善处理。列车运行途中，旅客有同行成年人的，应要求其同行成年人看护；无同行成年人时，应指派专人看护。必要时，可安排在适当位置看护。

车站发现进站乘车的旅客精神异常时，可不予其进站乘车，并为其办理退票手续。

13. 旅客在法定时限内索赔且能够证明伤害是在铁路旅客运输过程中发生的，受理单位应及时通知发生单位，并本着方便旅客的原则，移交旅客就医所在地车站或旅客发、到站处理，被移交站应当受理。发生单位应当在10日内收集并向处理单位移交相关证据材料。

14. 在站内或区间线路上发现有坠车旅客时，发现或接到通知的车站应当迅速通报有关列车。有关列车接到通报后，应当立即调查。

发生列车应当按照本办法第十一条、第十二条规定收集相关证据材料或旅客携带物品，并向处理单位移交。

15. 对下列情形造成的旅客人身伤害应当立即向铁路公安机关报警：

（一）杀人、抢劫、抢夺、强奸、爆炸、纵火、绑架、结伙斗殴、寻衅滋事、故意伤害、击打列车、故意损毁、移动站车设备等违法犯罪行为；

（二）因散布谣言、谎报险情、疫情、警情、扬言放火、爆炸、投放危险物质，或者非法阻拦行车、堵塞通道等，引起公共秩序混乱；

（三）火灾、爆炸、中毒等治安灾害事故；

（四）精神病人肇事肇祸、醉酒滋事行为；

（五）自然灾害；

（六）铁路设施、设备故障造成的事故。

16. 发生旅客人身伤害及携带品损失且有下列情形之一的，应当及时通知铁路公安机关：

（一）应当控制、约束违法犯罪嫌疑人和扣押相关涉案物品的；

（二）应当保护现场、维持秩序、协同救助的；

（三）应当由铁路公安机关介入调查、获取证据、查明原因的；

（四）引发治安纠纷或者酿成群体性事件并影响站车秩序，应当及时处置的；

（五）造成旅客死亡的。

17. 车站、列车发生旅客人身伤害时，可用电话向所在单位或上级主管部门报告概况；但发生重伤以上旅客人身伤害时，应在第一时间以短信方式向所属铁路局主管部门报告，随后向有关铁路局主管部门拍发速报，并逐级向上级主管部门和宣传部门报告。

报告（含速报）内容主要包括：

（1）发生日期、时间、车次、地点、车站、区间里程。

（2）伤亡旅客的姓名、性别、年龄、国籍、民族、职业、单位、有效身份证件号码、联系方式、住址以及车票种类、号码、发站、到站、车厢、席位等基本情况。

（3）发生经过、旅客伤亡及现场处理简况。

第三章　善后处理

18. 发生旅客人身伤害后，发生地车站（车务段）或处理站（车务段）应当组织发生单位、车站铁路公安派出所及相关单位成立善后处理工作组（以下简称工作组）。必要时，由发生地或处理站所在地铁路局组织。

发生旅客轻伤且经旅客或第三人同意现场调解、责任明确的，可由车站会同铁路公安派出所、发生单位、旅客、第三人等共同进行现场处理。

19. 工作组负责如下工作：

（1）办理受伤旅客就医、食宿等事宜。

（2）收集相关资料，建立案卷。案卷中应有：客运记录、证人证言、车票、医院证明、现场照片或图示、寻人启事及铁路公安机关处理尸体意见等材料；铁路公安机关制作有现场勘验笔录、法医鉴定结论的，在不影响案件办理的情况下，可以收集存入案卷。

（3）核查伤亡旅客身份，通知其家属或发布寻人启事。

（4）处理旅客遗留物品或死亡旅客遗体。

（5）向旅客或其继承人、代理人通报有关情况，协商处理善后事宜。

（6）其他与善后处理有关的事宜。

20. 受伤旅客临床治疗结束或死亡旅客遗体处理完毕，工作组应当根据铁路安全监督管理办公室对责任确定情况，核实各项费用及授权委托书、亲属关系证明等有关证明后，涉及铁路运输企业责任的，尽快按有关法律规定与旅客或其继承人、代理人协商办理赔付。

医疗费用应根据实际产生或后续治疗需要，凭治疗医院单据或建议核定。旅客需转院治疗时，应与处理单位协商一致，并经治疗医院同意。

残疾赔偿金应根据有关鉴定机构出具的旅客人体损伤残疾程度鉴定意见，或者根据旅客受伤程度，比照有关人体损伤残疾程度鉴定标准所对应的残疾等级，按照有关标准计算。

办理赔付时，编制"铁路旅客人身伤害及携带品损失最终处理协议书"，经各方确认、签字或加盖处理单位公章后,将赔偿金依据法定顺位支付给旅客或其继承人、代理人,旅客或其继承人、代理人出具收据交处理单位。

21. 根据责任确定情况,处理旅客人身伤害所发生的赔偿金及其他费用,由责任单位承担;无法确定责任单位的,由发生单位承担。

22. 需向责任单位或发生单位转账时,由处理单位所属铁路局财务部门开具"转账通知书"(会凭7),连同"铁路旅客人身伤害及携带品损失最终处理协议书"转送责任单位或发生单位所属铁路局财务部门。

责任单位或发生单位所属铁路局财务部门应当在收到"转账通知书"等材料次日起30日内将费用转拨至处理单位所属铁路局;超过30日的,每超过1日,按应付费用的0.5%支付滞纳金。

23. 旅客人身伤害是旅客自身原因或第三方原因造成时,铁路运输企业在垫付相关费用后,可向旅客或第三方追偿。

第四章 调查报告与统计

24. 旅客人身伤害处理完毕后,处理单位和发生单位应在3日内逐级向所属铁路局客运主管部门报送"调查处理报告"。

25. 铁路局应当在每月20日前汇总本局上月处理的旅客人身伤害情况,按要求填写"铁路旅客人身伤害统计表"和"安全情况报告",报中国国家铁路集团有限公司运输局。

26. 案卷一案一卷,由处理单位保管,保存期为5年。

第五章 保 障

27. 车站、列车应当按规定配置安全防护设备或视频监控装置,合理设置安全警示标志,建立健全日常管理、维护机制。视频监控设备管理部门应当定期采集视频监控数据,涉及旅客人身伤害纠纷的视频监控数据保存期不得少于一年。

铁路局应当积极采用信息化手段,建立站车安全、设备等信息平台,确保信息沟通快速畅通。

28. 铁路局应当加强旅客人身伤害及携带品损失处理费用的预算和支出管理,确保各项费用依法合理使用。

29. 铁路局及站、段应根据实际设置旅客人身伤害及携带品损失处理工作人员,配备照相机、摄像机、录音笔等必要设备,给予适当的岗位、交通、通信等补贴,定期组织培训,提高业务能力。

30. 铁路局企业法律部门应当加强对旅客人身伤害及携带品损失处理的指导,定期组织法律专业知识培训。

参 考 文 献

[1] 兰云飞,何萍.高速铁路客运组织[M].北京:北京交通大学出版社,2017.
[2] 裴瑞江.铁路客运综合知识解答[M].北京:中国铁道出版社,2011.
[3] 王慧,祖晓东.高铁乘务安全管理与应急处置[M].成都:西南交通大学出版社,2015.
[4] 裴瑞江.铁路客运安全应急与路风[M].北京:中国铁道出版社,2014.
[5] 中国国家铁路集团有限公司.非正常情况下高速铁路调度指挥应急处置案例[M].北京:中国铁道出版社,2014.
[6] 铁路职工岗位培训教材编审委员会.动车组列车员(长)[M].北京:中国铁道出版社,2014.
[7] 中国国家铁路集团有限公司.高速铁路突发事件应急预案(试行)[M].北京:中国铁道出版社,2011.
[8] 韩树荣.铁路红十字救护员培训教材[M].北京:中国铁道出版社,2010.
[9] 中华人民共和国运输部.铁路旅客运输规程[Z].2023-01-01.

附录

附录一 动车组故障应急处置预案(暂行)
附录二 "高速铁路客运安全与应急处理"课程参考标准

附录一 动车组故障应急处置预案(暂行)

1 总则

1.1 编制目的

进一步规范动车组故障应急处置程序,实现动车组故障应急处置的规范、科学、准确、迅速。提高铁路各部门在动车组故障情况下的应急反应能力和应急处置水平,最大限度地减少动车组故障造成的损失和影响。

1.2 工作原则

(1)以人为本,安全第一。始终把确保人民群众的生命财产安全放在首位,减少动车组故障造成的损失和影响,提高动车组服务水平和服务质量。

(2)统一领导,分级管理。中国国家铁路集团有限公司(以下简称国铁集团)各部门在应急领导小组的统一领导下,负责督促、指导铁路局集团公司动车组故障应急处置工作。各铁路局集团公司、有关站段按照各自职责和权限,负责动车组故障应急处置工作。

(3)依靠科学,依法规范。依靠科技进步,依法规范动车组故障应急处置各项工作,不断改进和完善故障处理的装备、设施和手段。

1.3 编制依据

依据《中华人民共和国突发事件应对法》、《中华人民共和国安全生产法》、《中华人民共和国铁路法》、《国家突发公共事件总体应急预案》、《铁路交通事故应急救援和调查处理条例》(国务院令501号)、《国家处置铁路交通事故应急预案》、《关于实施铁路突发公共事件应急预案的决定》(国铁集团铁办〔2005〕115号)、《铁路技术管理规程》、《铁路交通事故调查处理规则》、《铁路200~250km/h既有线技术管理暂行办法》(铁科技〔2007〕61号)等法律法规和相关规定,制定本预案。

1.4 适用范围

本预案适用于国家铁路及国家铁路控股的合资铁路CRH系列200~250km/h动车组故障处理应急处置工作。

2 应急机构及职责

2.1 国铁集团成立动车组故障应急处置领导小组(以下简称应急领导小组)。国铁集团应急领导小组的组成及成员单位主要职责:

组长:分管运输副总经理

副组长:总调度长、运输局局长

成员单位:运输局营运部、调度部、装备部、基础部、公安局。

应急领导小组下设应急领导小组办公室,办公室设在国铁集团应急救援指挥中心(运输局调度部),负责领导小组的日常工作。

(1)运输局调度部负责指导铁路局集团公司做好动车组故障处理及行车组织、协调和调度指挥工作。同时制定跨局旅客列车迂回、折返、加开、停运以及热备动车组出动等应急处置方案,确保准确、迅速地处理动车组故障。

(2)运输局营运部负责指导铁路局集团公司制定动车组客运组织应急处置方案,负责指导铁路局集团公司做好旅客疏导、转运、后勤保障等客运组织工作。

(3)运输局装备部负责指导铁路局集团公司制定动车组机务、车辆设备故障应急处置方案。及时提供动车组牵引动力、辅助系统、制动系统等车辆状态情况以及救援列车、救援基地的各种设施、装备资料,为故障处理提供参考。

(4)运输局基础部负责指导铁路局集团公司制定动车组有关通信、信号、调度指挥系统故障应急预案,确保应急通信保障能力和反应能力;指导铁路局做好列控系统、列车调度指挥系统、通信、信号等设备故障处理。

(5)公安局负责指导、督促有关铁路局集团公司做好治安保卫工作。

2.2 铁路局集团公司应急领导小组的组成及成员单位主要职责:

组长:分管运输副局长

副组长:总调度长(运输处处长)

成员:运输处、机务处、车辆处、工务处、电务处、客运处、调度所、公安局等部门领导组成

应急领导小组下设应急领导小组办公室,办公室设在铁路局集团公司调度所,负责领导小组的日常工作。

应急领导小组成员单位主要职责:

(1)运输处具体负责动车组非正常情况行车组织方案的制订和调整。根据非正常情况对动车组行车组织的影响程度,制订切实可行的行车组织调整方案,协调事故现场的行车指挥工作。

(2)客运处负责指导客运段制定因动车组或动车组救援列车晚点造成的站、车滞留旅客的组织、疏导方案。

(3)调度所收集掌握管内动车组情况和故障信息的报告,负责督办落实上级调度和铁路局集团公司领导关于动车组应急处置的指示、命令;协调车务、机务、供电、车辆、工务、电务等系统有关部门(单位)动车组应急处置工作;统一指挥非正常情况下动车组的行车组织工作,协调救援力量支援。

(4)机务处负责指导机务段制定动车组机车、牵引动力等故障应急处置方案。及时提供动车组牵引动力、救援列车、救援基地的各种设施、装备资料,为故障处理提供参考。

(5)车辆处负责制定动车组车辆设备故障应急处置方案。及时提供车辆以

及各种救援设施、装备资料,为故障处理提供参考。

(6)电务处负责指导电务段、铁通公司制定动车组有关通信、信号、调度指挥系统故障应急预案,确保应急通信保障能力和反应能力;组织有关单位做好列控系统、列车调度指挥系统、通信、信号等设备故障处理。

(7)公安局组织警力维护现场秩序,协助客运部门做好站、车滞留旅客的组织、疏导工作,必要时应立即封闭现场,设置警戒线。

2.3 站段(车务段、站、大客站,下同)应急领导小组的组成及成员单位主要职责:

组长由车务段(站)长担任,成员由车务、机务、车辆、电务、客运、公安等单位组成。

2.3.1 车务部门:具体负责现场抢修救援指挥、善后处理等工作,其主要职责:

(1)提供动车组设备故障的现场准确信息。

(2)负责现场的具体救援指挥工作和行车组织工作。

2.3.2 机务部门

负责制定动车组机车、牵引动力等故障应急处置方案;负责指导司机及时处理故障,尽最大能力组织、恢复动车组运行。

2.3.3 车辆部门(车辆段、动车组运用所)

(1)负责指导随车机械师及时处理故障,尽最大能力组织、恢复动车组运行。

(2)负责替换车底的编组、整修,提供状态良好的车底。

(3)负责与相关工厂技术专家联系,保证24小时技术支持。

2.3.4 电务部门

负责制定动车组有关通信、信号、调度指挥系统故障应急预案,协调铁通公司确保应急通信保障能力和反应能力;做好列控系统、列车调度指挥系统、通信、信号等设备故障处理。

2.3.5 客运部门

具体负责因动车组或动车组救援列车晚点造成的站、车滞留旅客的组织、疏导工作。

2.3.6 公安部门

维护现场秩序,协助客运部门做好站、车滞留旅客的组织、疏导工作,必要时应立即封闭现场,设置警戒线。

2.4 现场应急处置指挥部:铁路局、有关站段应根据铁路局动车组故障应急处置预案及有关规章的规定,成立动车组故障现场应急处置指挥部,负责现场作业指挥、监督、协调。

3 信息报告

3.1 动车组运行中出现故障时,动车组司机、随车机械师应按照有关规定进行处理,选择维持运行或停车等方式。司机须使用列车无线调度通信设备及时将故障信息报告列车调度员或车站值班员,随车机械师及时将故障信息报告所属动车组运用所调度,动车组运用所调度及时报告所属铁路局车辆调度员。在区间停车超过 10 分钟、站内停车超过 15 分钟,动车组不能继续运行时,司机必须向列车调度员或车站值班员请求救援。

3.2 铁路局集团公司列车调度员、车辆调度员接到动车组途中发生故障或其他设备故障影响动车组运行的报告后,应立即向值班主任报告并通知动车组调度。铁路局集团公司动车组调度(无动车组调度由值班主任)根据有关规定立即向国铁集团动车组调度台报告。动车组因故障停车时或需出动局管内热备动车组时,铁路局调度所值班主任应立即向国铁集团动车组调度台报告,铁路局集团公司车辆调度向国铁集团车辆调度报告,并按照铁路局集团公司应急处置预案要求及时报告和通报。

3.3 当动车组发生故障在 20 分钟内不能恢复运行或预计运行和到达晚点 30 分钟及以上时,国铁集团运输局调度部调度处调度员接到报告后,立即报告值班处长。值班处长接到报告后,应立即报告调度部主任(副主任)、运输局局长、总调度长。

4 应急响应和应急启动

4.1 国铁集团运输局调度部调度处、铁路局集团公司调度所负责加强对动车组运行监控,及时组织有关人员处理动车组临时发生的各种问题,按照有关规定采取停基改电、反方向行车、区间返回和变更动车组接发列车股道(进路)等非正常行车办法,使动车组尽快恢复运行,并根据需要采取机车救援或出动热备动车组等措施。

4.2 根据动车组故障情况和影响程度,动车组故障应急处置按国铁集团、铁路局集团公司、站段三级分别响应,当达到本预案应急响应条件时,各级应分别启动本预案:

4.2.1 发生下列情况之一,国铁集团应急救援指挥中心启动Ⅰ级应急响应:

(1)动车组因设备故障晚点满 2 小时,不能继续运行满 1 小时。

(2)动车组因故障造成旅客群体性事件或特、一等站动车组晚点造成旅客滞留满 2 小时。

(3)因线路、信号、接触网等设备故障,造成动车组晚点满 4 小时。

(4)跨局动车组发生故障需出动热备动车组。

4.2.2 发生下列情况之一,铁路局集团公司应急救援指挥中心启动Ⅱ级应急响应,同时向铁道部报告:

(1)动车组因设备故障晚点满 1 小时,不能继续运行满 30 分钟。

(2)动车组因故障造成旅客群体性事件或二等以上车站动车组晚点造成旅

客滞留满1小时。

（3）因线路、信号、接触网等设备故障,造成动车组晚点满2小时。

（4）局管内动车组故障需出动热备动车组车底。

4.2.3　发生下列情况之一,有关站段调度部门启动Ⅲ级应急响应,同时向铁路局集团公司报告：

（1）动车组始发、终到站因设备故障晚点满30分钟,其他客运站晚点满1小时。

（2）动车组因故障造成旅客群体性事件或动车组始发、终到站旅客滞留满30分钟、其他客运站滞留满1小时。

（3）动车组运行径路上线路、信号、接触网等设备故障满30分钟或影响动车组运行。

（4）动车组故障需组织旅客换乘,热备动车组出动。

4.3　动车组行车事故时分级响应按照有关规定处理。当动车组故障处理涉及其他情况时,在启动本预案的同时,根据需要,启动相应的应急预案。在启动相应级别预案的同时启动下级预案。

4.4　影响动车组行车的信息得到核实后,在尚未确定事件级别、实施分级响应之前,站段有关单位值班领导要立即派员赶赴现场,组织指挥有关人员进行先期处置。

5　应急指挥

5.1　国铁集团应急领导小组负责动车组故障应急处置协调指挥工作,有关部门根据职责分工负责协调相关工作。

5.2　应急启动时,国铁集团、铁路局集团公司、站段应急领导小组分别在国铁集团应急救援指挥中心(国铁集团运输局调度部)、铁路局集团公司应急救援指挥中心(铁路局集团公司调度所)及站段调度室进行应急处置指挥,根据需要组织各专业、技术专家组成工作小组,具体负责指挥、决策和技术支持。

5.3　铁路局集团公司和站段应迅速组织修复、救援力量实施修复、救援行动,全力控制故障态势,防止事态扩大,铁路局集团公司应根据故障影响情况分别指派领导小组成员及专业人员赶赴现场。

6　应急处置

6.1　热备动车组出动

6.1.1　动车组故障无法及时修复时,应及时启用热备动车组。启用备用动车组时首先考虑使用热备动车组。无热备动车组或热备动车组定员少于故障动车组实际人数时,应调整在线运行动车组交路,有条件时,利用其他动车组担当救援车底。上述措施无法实现时,就近利用空闲普通客车底担当救援车底。

6.1.2 热备动车组预备司机必须满足担当各线动车组任务配备,在机务段机车调度室出勤时,按照热备动车组担当各线任务办理出勤(包括传达调度命令和IC卡)。到动车所调度室报到后,在距动车组停留地点较近的行车公寓或机务段(动车组运用所)候班,充分休息,保证叫班后随时出乘担当任务。

6.1.3 热备动车组出动救援跨局动车组时,由国铁集团调度统一指挥。

国铁集团运输局调度部调度处动车组调度员应立即报告值班处长、调度处长、调度部主任(副主任),并根据需要通知国铁集团车辆、机务、供电、电务调度;由国铁集团车辆、机务、供电、电务调度分别通知客车处长、机车运用处长、供电处长、信号处长。

国铁集团运输局调度部调度处值班处长接到应急救援指挥中心领导热备动车组出动的指示后,应立即布置动车组调度台向有关铁路局集团公司下达热备动车组出动及开行的调度命令。

热备动车组配属局调度所接到动车组出动命令后,立即(3分钟内)向有关单位下达热备动车组出动的调度命令,有关单位必须在接令后10分钟内完成热备动车组的调车、整备、司乘人员配备等项工作,具备发车条件。热备动车组救援出动时本务司机、随车机械师、客运乘务由配属局担当。

热备动车组和预备司机担当非本局动车组担当区段的车次时,由原担当铁路局动车组司机担当,车型不符时,由预备司机担当,原担当任务铁路局集团公司司机负责带道,并负责提供动车组司机携带列车时刻表。

6.1.4 热备动车组救援局管内动车组时,由铁路局集团公司调度统一指挥,并向国铁集团动车组调度台报告(具体办法由铁路局集团公司规定)。

6.1.5 铁路局集团公司应细化热备动车组备用及出动管理办法,明确热备动车组、人员、备品、日常管理和出动各项作业时限标准,确保设备完好和准时出动。

6.2 热备动车组运行及返回归位

6.2.1 热备动车组出动在始发站至接续站间运行及返回归位车次在所接续的列车车次前加"R",行车用语为:"热备动车组××(次)",行车有关事项按动车组办理。接续后的车次仍使用原车次。

6.2.2 非热备动车组车底出动在始发站至接续站间运行及返回归位车次应根据客车底车型,在所接续的列车车次前加"T"或"K",行车用语为:"特快动车组××(次)""快速动车组××(次)"。

6.2.3 对热备动车组和临时替换故障动车组的客车底应优先放行,确保及时到位及返回归位。

6.3 动车组因故障组织旅客换乘

6.3.1 使用热备动车组组织旅客换乘时,车站应加强站车组织,按规定做好换乘旅客的饮食供应和后勤服务工作,两列换乘车底应尽量安排在同一站台方便旅客换乘。此时,站段应急领导小组应立即赶赴现场,必要时,铁路局集团公司应急领导小组成员应赶赴现场组织指挥。

6.3.2 使用非动车组热备车底替换动车组开行旅客列车时,车次应当相对固定(原则上将原动车组车次改为特快或快速旅客列车车次),开车命令必须在开车1小时前下达,跨局旅客列车由铁道部、局管内由铁路局集团公司客运调度下达停运动车组,开行旅客列车的调度命令。客调命令中须明确停运动车组列车车次,车底所属局、开行车次、编组顺位、车种、型号、定员、停车站到开时刻、乘务担当单位等。

6.3.3 车站接到热备车开车命令后,应按票价差备足零款,指定专人到指定地点组织引导旅客收回动车组旅客原票,换发新票并退还票价差额。旅客要求改乘其他列车时,车站应及时办理改签手续,并尽可能地改签为有席位车票。退票、改签不收手续费。

6.3.4 换乘时,站车要认真组织验票,严禁持其他车次车票的旅客上车,持有停运动车组列车车票的旅客,必须换新票后方可上车。

6.4 动车组因故障晚点和旅客滞留

6.4.1 铁路局集团公司调度所应按规定做好动车组晚点信息的预报和通报工作。

6.4.2 动车组在始发站晚点30分钟以上时,车站应及时通知旅客,旅客在始发站乘车前要求退票或改签时,车站应及时办理退票或改签;始发站铁路局集团公司客运处或客运段须派科长或车队长级干部添乘,组织列车乘务组做好服务、解释和安抚旅客工作。

6.4.3 动车组途中晚点时,列车长要及时联系铁路局集团公司客调,了解晚点原因等,报告车内情况和请求协助解决的问题,组织乘务员积极主动做好服务。晚点30分钟以上时,应做好向旅客致歉、解释工作。铁路公安民警应与列车长密切配合,经常巡视车厢,维持好车内治安秩序。

6.4.4 接到动车组终到晚点30分钟及以上的通知后,车站站长、派出所长须带领客运、公安有关人员到站台接车,组织旅客下车出站,并做好向旅客致歉、解释工作。到站是铁路局集团公司所在地的铁路局集团公司客运处、铁路公安局(处)领导要到站台接车,帮助指导车站做好应急处置工作。

6.4.5 发生旅客以滞留列车的方式向铁路要求晚点或空调故障赔偿时,站车工作人员应当以说服劝解、诚恳道歉为主,耐心细致地做好解释和相关法律法规的宣传工作,稳定情绪、化解怨气,力争取得旅客的理解和配合。

6.4.6 公安部门要积极配合客运部门,认真开展滞留旅客的说服劝离工作,争取理解与支持。同时,要向旅客宣讲法律知识,告知旅客可以通过其他合法渠道和方式维护其合法权益,劝说旅客听从车站工作人员的安排到指定地点协商解决,并协助站工作人员引导旅客下车。公安部门在协助劝离过程中,严禁携带枪支。客运部门在宣传和说服旅客离开车厢时,现场应有公安人员维持秩序；经反复工作劝离无效时，公安人员应宣布铁道部、公安部《关于维护铁路运输秩序保证列车正常运行的通告》，并组织足够的公开警力，对拒不下车的人员依法采取措施带离车厢。对煽动旅客滞留车厢和扰乱列车治安、破坏铁路运输秩序、用暴力手段对抗执法的个别人员，要认真调查取证，依法追究其法律责任。劝阻中要依法依规，有理有节，文明执法。

6.5 动车组无法接入高站台线路

正常情况下，办理客运营业的动车组必须在高站台上接发，因特殊情况无法接入高站台时，铁路局集团公司列车调度员必须通知值班主任，经调度所副主任准许后，列车调度员与车站共同确定接车股道，并要求车站做好准备，在动车组到达车站 15 分钟前由列车调度员通知司机。司机要及时通知列车有关工作人员作好准备。

铁路局集团公司应制定动车组因故不能在高站台上接发组织办法，明确包括车站信息通报反馈程序、站台服务、应急移动梯使用、管理和车站干部到场指挥等有关要求，确保旅客上下车绝对安全。

6.6 动车组牵引动力设备故障

6.6.1 牵引系统故障但动力未完全丢失时，应利用自身动力维持运行，并使用列车无线调度通信设备报告列车调度员或车站值班员，列车调度员不再下达有关限速运行的调度命令。

（1）有一个动力时，CRH1 型动车组限速 100km/h 运行，CRH2 型动车组限速 170km/h 运行，CRH5 型动车组限速 150km/h 运行。

（2）有两个动力时，CRH1 型动车组限速 100km/h 运行，CRH2 型动车组限速 220km/h 运行，CRH5 型动车组限速 200km/h 运行。

（3）CRH1 型动车组有三个动力时，限速 180km/h 运行；有四个动力时，限速 200km/h 运行。

（4）CRH2、CRH5 型动车组有三个及以上动力时，不限速。

6.6.2 特殊情况下，遇最前端司机室不能正常操纵，而最后端司机室操纵正常，双司机值乘或有具备乘务知识的机务干部添乘，前后端司机室通信设备作用良好及天气良好时，准许凭调度命令改为最后端司机室操纵维持运行，列车按站间闭塞行车，列车最高运行速度不得大于 120km/h，前端司机或添乘干部用车内通信系统指挥后端司机操纵。

6.6.3 动车组受电弓故障时：单列动车组一架受电弓故障，可更换另一架受电弓受流，正常运行；两架均故障时，司机应立即停车降弓，按规定请求救援；两列重联运行时，每列动车组均升弓受流（即双列双弓模式）。当一列动车组无法升弓受流时，可采用单列单弓维持运行至前方站后，停车处理。两列动车组均无法升弓受流时，请求救援。

6.7 动车组车辆设备

6.7.1 动车组到站停稳后，遇自动开关门装置故障时，司机应及时通知列车长、随车机械师,改为手动开关门。

6.7.2 遇通风口冒烟时,司机根据情况立即停车或及时报告列车调度员安排在最近前方向站停车检查防尘网有无异物。

6.7.3 当轴承温度超过温度报警时,立即停车请求处理,并用列车无线调度通信设备呼叫两端站或列车调度员,报告停车原因和停车位置。随车机械师下车检查故障车轴,根据实测轴温和检查情况向司机报告,司机向列车调度员提出限速运行请求,列车调度员根据司机请求,发布限速运行命令。

6.7.4 根据随车机械师要求,对轮对踏面缺陷停车检查时,司机应及时转报列车调度员,要求前方站停车检查。轮对踏面缺损超出限度时,列车调度员根据司机请求,发布限速运行命令。

6.7.5 当得到轮对因齿轮箱、连接轴卡滞造成抱死运行的报告时,司机应立即停车,并指派随车机械师下车检查处理,无法消除抱死故障时,及时请求救援。

6.7.6 运行中走行部、风挡连接部有异声、异味、异状需要停车检查时,随车机械师根据具体情况向司机报告,并提出停车请求。司机根据随车机械师报告的故障情况立即停车或转报列车调度员,请求前方站停车检查。经停车检查确认无碍或应急处理后方可继续运行。

6.7.7 当得到空气弹簧发生故障的报告时,列车调度员应发布限速160km/h 运行的调度命令。

6.7.8 制动系统故障时,列车调度员应按照下列要求发布调度命令:

(1)基础制动装置故障抱死车轮不缓解时,司机应立即停车,用列车无线调度通信设备呼叫两端站、追踪列车、列车调度员,报告停车原因和停车位置。随车机械师下车检查处理,切除本车制动运行。

(2)动车组制动系统故障切除25%制动力时,限速 160km/h 运行;切除50%制动力时,限速120km/h 运行。

6.7.9 当得到车窗玻璃破损导致车厢密封失效报告时,列车调度员应发布限速160km/h 运行的调度命令。

6.8 列控车载设备故障

6.8.1 动车组出库前发现列车自动防护系统(ATP)车载设备故障,应采取以下应急措施。

6.8.1.1 电务部门应备齐各种备件及检修工具,立即组织抢修,若故障不能及时排除,应联系车辆及调度部门,启用备用动车组。

6.8.1.2 若备用动车组不能及时到达发车地点,电务及车辆部门应根据动车组重联情况采取相应的应急措施:

(1)发生车载设备故障的动车组是重联动车组,应摘解动车组,倒换动车组连接顺序后,重新重联,将故障ATP车载设备置于重联动车组中间部位,也可根据售票情况，临时甩挂发生故障的动车组。

（2）发生车载设备故障的动车组非重联动车组，具备掉头条件的，应安排动车组掉头，将故障 ATP 车载设备置于动车组非操纵端，同时在该动车组立折车站安排备用动车组。不具备掉头条件的，临时改按 CTCS-0 级运行。

6.8.2 车载设备显示动车组限速运行时但无法判明故障原因时，动车组司机应报告车站值班员或列车调度员，并按车载设备显示的速度值继续运行。

6.8.3 动车组运行中遇列控车载设备故障且触发制动停车时，司机应使用列车无线调度通信设备报告列车调度员或车站值班员，并通知随车机械师将设备断电 30 秒后重新启动（一般不超过两次），及时将设备恢复情况报告列车调度员。而后由列车调度员根据设备恢复情况下达相应调度命令，按下列方式运行：

6.8.3.1 车载设备断电重启恢复正常后，将进入部分监控模式。若列车位于站内，按该模式限速 45km/h 出站后，自动转为完全监控模式。若列车位于区间，可按该模式限速 45km/h 运行至下一个车站后，自动转为完全监控模式；也可改按 CTCS-0 级、160km/h 运行至下一个车站后，再停车转回 CTCS-2 级运行。

6.8.3.2 车载设备断电重启后，但未恢复正常，若仍需使列车前行，应将车载设备转入隔离模式，若此时机车信号、LKJ 正常，可改按 LKJ 控车运行。

6.8.4 动车组在 CTCS-2 级区段按 LKJ 方式行车，遇机车信号或 LKJ 故障时，司机应立即使用列车无线调度通信设备报告车站值班员或列车调度员，司机凭调度命令，按地面信号运行至前方站，等待救援。遇特殊情况，根据铁道部调度命令，采取应急性措施，维持动车组继续运行。

6.8.5 车载设备触发异常常用或紧急制动后，影响列车继续运行，司机不能确定故障原因时，列车调度员可向司机发布转为隔离模式的调度命令，运行途中加强与司机联系，接到司机列控车载设备恢复正常，退出隔离模式的请求后，安排列车前方站停车退出隔离模式。

6.9 列控地面设备故障

6.9.1 列控中心、LEU 故障时，在 CTC/TDCS 车务终端报警，车站值班员应立即通知信号维修人员。若确认设备不能很快恢复时，应立即报告列车调度员，由列车调度员下达"列控地面设备故障"调度命令，在进站信号机前从 CTCS-2 级转 CTCS-0 级，待列车运行进入下一设备正常的车站后，再按调度命令转回 CTCS-2 级运行。

6.9.2 车站进站端应答器（组）故障，动车组司机发现异常后，应立即通知车站值班员和列车调度员。故障期间，列车调度员应通知后续动车组，以不高于 45km/h 通过车站或转 CTCS-0 级运行。

6.9.3 车站出站端应答器（组）（含电缆）故障时，动车组司机在发现异常后，应立即通知车站值班员或列车调度员。故障期间，列车调度员应通知由到发线发车的列车司机,在发车前转CTCS-0级,待列车运行进入下一设备正常的车站后,再按调度命令恢复CTCS-2级运行。

6.9.4 车站进、出站端应答器(组)皆故障时,动车组司机发现异常后,应立即通知车站值班员和列车调度员,并立即报告列车调度员,按6.9.1条规定执行。

6.9.5 级间转换应答器故障导致级间转换失败并经司机确认后,在无限速命令、确保行车安全的情况下,如不能自动由CTCS-2级向CTCS-0级转换,应停车手动转换;如不能自动由CTCS-0级向CTCS-2级转换,可维持CTCS-0级模式继续运行,并及时向列车调度员报告。

6.9.6 动车组司机发现DMI显示屏连续收到两条"应答器信息缺失"时,应人工及时将速度控制在120km/h以下,避免车载设备触发制动,并及时报告临近车站值班员和列车调度员。列控车载设备将自动切换为部分监控模式,动车组将根据地面轨道电路信息生成的目标距离模式曲线继续运行,此时对低于120km/h的线路实际限速由司机人工控制运行,当动车组接收到新的应答器信息时将自动恢复完全监控模式。当连续多个区间应答器信息缺失时,列车调度员应根据情况发布列控地面设备故障的调度命令,在进(出)站信号机前从CTCS-2级转CTCS-0级,待列车运行进入下一设备正常的车站后,再按调度命令转回CTCS-2级运行。

6.10 动车组调度命令无线传送系统故障

列车运行途中发现调度命令无线传送系统机车装置故障时,司机应及时向列车调度员报告,列车调度员应向各有关列车调度台和车站通报情况。

6.11 影响动车组运行的信号、联锁、闭塞设备

6.11.1 闭塞设备发生故障

在CTCS-2级区段,遇基本闭塞法停用按电话闭塞法行车时,列车调度员应布置动车组停车,并向司机发布调度命令将列控车载设备方式控车转入隔离模式,按LKJ方式行车。

在按电话闭塞法行车的终止站,列车调度员应布置动车组停车,并向司机发布调度命令将隔离模式退出,转换为列控车载设备方式控车。

若按电话闭塞法行车的终止站且前方交路皆为CTCS-0级区段时,动车组不需停车,列车调度员不再发布调度命令。待动车组按图定停车后,司机应及时将列控车载设备主机隔离开关置于"正常"位。

6.11.2 区间通过信号机故障

动车组在区间运行,列控车载设备显示停车信号时,列车必须立即停车,司机应使用列车无线调度通信设备通知随车机械师。列车停车等候2min,列控车载设备仍未收到允许运行的信号时,司机将列控车载设备转入目视行车模式,列车以遇到阻碍能随时停车的速度继续运行,最高速度不超过20km/h,直到列控车载设备收到允许运行信号,按列控车载设备显示运行。在停车等候的同

时,必须与列车调度员、车站值班员联系,如确认前方闭塞分区内有列车时,不得进入。

6.11.3 出站(发车进路)信号机故障

在 CTCS-2 级区段,出站(发车进路)信号机故障时,动车组的行车凭证为绿色许可证,人工选择列控车载设备目视行车模式运行;当收到允许运行的信号时,按列控车载设备显示运行。

6.11.4 进站(接车进路)信号机故障(机械引导)

列控车载设备接收到的轨道电路信息为 HB 码时,越过进站信号机后,自动转入引导模式运行。

6.11.5 车站电码化故障

遇车站电码化故障或其他原因,造成动车组在进站、出站、进路信号机前收不到允许行车的信息时,应立即停车。动车组停车后,司机向车站值班员和列车调度员报告,按调度命令转入目视行车模式运行;当列控车载设备收到允许运行的信号时,按列控车载设备显示运行。

6.12 牵引供电设备

6.12.1 车载自动过分相装置故障时,动车组司机应及时采用手动过分相,动车组运行至过电分相绝缘区前,司机应提前确认升起受电弓的车号,运行至电分相绝缘区时,要集中精力,加强瞭望,及时切除牵引力并"断电",确认网压上升并稳定后再"合电"。

6.12.2 车站值班员得到自动过分相"感应器装置"故障的通知后,应及时通知临近的动车组(电力机车牵引的列车)并向列车调度员报告。列车调度员应立即使用列车无线调度通信设备向动车组(电力机车牵引的列车)司机、车站按规定发布自动过分相系统停用的调度命令,并向有关设备管理单位和公安机关通报。自动过分相"感应器装置"修复后,列车调度员应及时发布自动过分相系统恢复使用的调度命令。

6.12.3 遇接触网临时停电或有异常情况时,应迅速断开主断路器,降下受电弓,根据动车组运行速度、风表压力情况选择适当地点停车,并立即报告车站值班员或列车调度员停车原因及停车位置,及时通知随车机械师、列车长。

6.12.4 列车调度员接到动车组弓网挂有异物等非正常情况的报告时,要安排前方站停车检查。

6.13 动车组由区间返回、反方向行车

动车组在区间被迫停车后须返回后方站时,列车调度员必须确认动车组至后方站间已空闲,方可发布调度命令。司机将列控车载设备转入隔离模式,按调度命令控制动车组返回。

6.14 动车组使用机车救援

6.14.1 动车组在区间被迫停车后,不能继续运行时,司机应立即使用列

车无线调度通信设备通知两端站、列车调度员及随车机械师,报告停车原因和停车位置,并迅速请求救援。司机实施停放制动,无停放制动动车组应指派随车机械师做好防溜工作。

6.14.2 列车调度员接到动车组在区间被迫停车的救援请求后,应立即向调度所值班主任报告,按就近最快的原则组织救援机车,开展救援工作,并将救援方案立即通知车站值班员和动车组司机。

6.14.3 已请求救援的动车组,不得再行移动。动车组司机应了解救援列车开来方向,动车组随乘司机(无随乘司机时,由列车长指定人员)协助随车机械师在救援列车来车的一端安装过渡车钩、专用风管。具备升弓条件的,司机升弓前必须与救援机车保持联系,防止发生弓网事故。动车组被救援后,运行途中可关闭司机警惕装置。

6.14.4 如需停电作业,必须按规定办理停电验电手续。

6.14.5 随车机械师在安装完过渡车钩、专用风管后,应到救援机车来车一端不少于300m处设置防护,并指挥救援机车进行连挂作业,确认救援机车与动车组连挂好以及动车组状态正常,将救援运行条件通知救援机车司机。

6.14.6 救援机车司机在救援作业过程中,要严格遵守有关限速等规定,与动车组司机保持联系。救援运行中速度不得超过120km/h,并尽可能避免实施紧急制动。

6.14.7 动车组由机车救援返回后方站转入隔离模式,取消机车救援后退出隔离模式,由动车组司机自行转换。

6.14.8 动车组由机车牵引继续运行时,由列车调度员向救援机车司机发布限速120km/h运行的调度命令。

6.14.9 当故障动车组处理后可继续运行时,列车调度员应根据动车组司机的请求,发布取消动车组救援的调度命令。

6.14.10 动车组被迫停在接触网分相无电区换弓不能正常受流时,应尽量组织内燃机车在列车运行前进方向担当救援。使用电力机车救援时,动车组司机应查明动车组前方无电区的长度(前方无电区长度的判明方法是动车组前端距"合"电标的距离减去30m),前部距离能满足执行救援任务的电力机车在列车前方升弓受流的条件时,动车组司机报告车站值班员或列车调度员"电力机车可以从前部救援",否则报告"电力机车只能从尾部救援"。从尾部救援时,列车调度员应发布列车救援调度命令,动车组司机应在动车组尾部司机室,并与救援车司机保持联系。动车组拉出无电区后,应在距离分相断电标不少于800m处停车,摘开救援车。动车组司机升弓受流恢复正常运行。

列车被迫停于接触网电分相前方,不具备越过电分相条件时,不准退行;动车组司机应立即报告车站值班员或列车调度员,按其指示办理,并按规定指派随车机械师规定做好防溜、防护工作。

7 应急结束

7.1 按"谁启动、谁结束"的原则,宣布应急结束。

7.2 应急结束后,应尽快恢复设备状态,总结分析应急处置经验教训,提出改进应急工作的意见和建议,形成应急工作总结报告。启动Ⅲ级应急响应的报送铁路局应急救援指挥中心,启动Ⅰ、Ⅱ级应急响应的报送铁路局应急救援指挥中心的同时抄送铁道部应急救援指挥中心。

8 保障措施

铁路局集团公司、站段及有关部门按照职责分工和本应急预案要求,从交通、后勤、通信等方面为参加应急处置的指挥、作业人员提供可靠应急保障,保证应急处置的需要和相关人员安全。

9 培训和演练

按照分级管理的原则,国铁集团、铁路局集团公司和站段各级应急管理机构要定期对有关人员进行有关知识的培训,将应急预案内容和相关救援知识纳入职工培训大纲,提高应急处置能力。

铁路局集团公司、站段要有计划地定期组织故障演练。根据需要,国铁集团可开展铁路局集团公司间的工作交流,提高铁路应急处置实战能力。

10 附则

10.1 奖励与责任追究。

对实施本应急预案行动中表现突出的单位和人员,各级应急领导机构应给予表彰和奖励。对玩忽职守、严重失职造成损失和不良影响的单位和个人,根据有关法律法规及相关规定,追究当事人的行政责任;构成犯罪的,依法追究刑事责任。

10.2 本预案由铁道部运输局根据情况变化进行修订,国铁集团前发关于印发《铁路200～250km/h动车组突发事件应急预案(试行)的通知》(铁运〔2007〕84号)与本文有抵触的,以本文为准。

10.3 本预案由国铁集团运输局负责解释。

10.4 本预案自印发之日起实施。

附录二 "高速铁路客运安全与应急处理"课程参考标准

一、前言

(一)课程定位

本课程是高职铁道运输类相关专业的一门专业基础课程,针对高速铁路客运组织的特点,全面地介绍了高速铁路客运安全管理、高速铁路客运组织安全、高速铁路车站应急处理、高速动车组列车应急处理及高速铁路旅客伤害应急处理等内容,旨在培养学生在高速铁路客运安全方面应急处理的能力。

(二)课程目标

1. 知识目标

(1)了解高速铁路客运安全管理的影响因素;掌握高速铁路客运安全管理的措施;理解高速铁路安全保障体系。

(2)掌握高速铁路旅客运输作业安全的相关规定;重点掌握保证人身安全、防火安全、动车组列车电器安全、携带品的查堵及处理;掌握反恐防暴等方面的要求。

(3)掌握高速铁路车站突发大客流、站台紧急停车、发生突发事故以及发生其他异常情况的处理方法。

(4)掌握高速动车组列车非正常情况应急处置的相关规定,重点掌握动车组列车严重晚点、动车组列车遇自然灾害的应急处理;掌握动车组列车设备故障、行车事故、突发事件、应急设备操作等方面的要求。

(5)掌握高速铁路旅客乘降意外伤害、旅客食物中毒的应急处理方法;掌握旅客突发疾病以及其他旅客伤害的应急处理方法。

2. 能力目标

(1)能够按照高速铁路客运相关规定进行作业;能够保证客运组织过程中的人身安全及财产安全。

(2)能够正确使用高速铁路客运设备;能够保证高速铁路旅客运输作业运输过程中的安全。

(3)能够正确使用车站安全设备;能够处理高速铁路车站各种非正常情况。

(4)能够按照规定处理高速动车组列车发生的非正常突发事件;能够处理基本的设备故障。

(5)能够进行基本的旅客急救工作;能够处理高速铁路旅客应急伤害。

3. 素质目标

(1)培养学生具备在高速铁路客运工作过程中安全第一的意识。

(2)培养学生在高速铁路客运组织工作中严谨认真的工作态度。

(3)培养学生在高速铁路车站岗位面对突发情况时随机应变的工作作风。

(4)培养学生在铁路工作岗位的"专业精神、职业精神、工匠精神、劳模精神"四大精神。

(三)课程设计

1.设计思路

本课程根据铁路对技术技能人才的要求,夯实专业基础,以理论指导实践,增强高速铁路客运安全与应急处理的理论性、适用性、实践性,培养学生在铁路工作岗位的"专业精神、职业精神、工匠精神、劳模精神"四大精神,构建以应用性和实践性为基本特点的课程教学体系。

在教学组织上,根据"高速铁路客运安全与应急处理"课程理论联系实际的特点,将理论教学与实际案例有机结合,精心设计各种学习活动,使学生通过"做中学"的工作过程,反复体验、感受铁路职场环境,增强职业认同感。

2.课程的重点、难点及解决办法

课程重点:高速铁路客运组织安全、高速铁路车站应急处理以及高速铁路旅客伤害应急处理。

课程难点:高速动车组列车发生设备故障、行车事故及突发事故等非正常情况的应急处理。

解决办法:教师要有充分的知识储备,强调高速铁路客运安全的重要性,通过铁路现场实际案例进行分析原因,总结经验教训,着力解决课程理论与现场实际的关联性,以理论知识指导实践,并且通过实训深化理解。教师在教学中搜集大量图片、制作视频资料、制作电子课件等,以提高教学场景的直观性、动态性,便于学生理解掌握、融会贯通。

二、课程内容与要求

教学时间安排:30学时

学习项目	知识目标	技能目标	参考学时
项目一 高速铁路客运安全管理	1.了解高速铁路客运安全管理的影响因素。 2.掌握高速铁路客运安全管理的措施。 3.了解高速铁路安全保障体系	1.能够按照高速铁路客运相关规定进行作业。 2.能够保证客运组织过程中的人身安全及财产安全	4
项目二 高速铁路客运组织安全	1.掌握高速铁路旅客运输作业安全的相关规定。 2.重点掌握保证人身安全、防火安全、动车组列车电器安全、携带品的查堵及处理。 3.掌握反恐防暴处理等方面的要求	1.能够正确使用高速铁路客运设备。 2.能够保证高速铁路旅客运输作业运输过程中的安全	6

续上表

学习项目	知识目标	技能目标	参考学时
项目三 高速铁路车站应急处理	1.掌握高速铁路车站突发大客流应急处理方法。 2.掌握高速铁路车站站台紧急停车应急处理方法。 3.掌握站内突发事故以及其他异常情况的应急处理方法	1.能够正确使用车站安全设备。 2.能够处理高速铁路车站各种非正常情况	6
项目四 高速动车组列车非正常情况应急处理	1.掌握高速动车组列车非正常情况应急处理的相关规定。 2.重点掌握动车组列车严重晚点和动车组列车遇自然灾害的应急处理。 3.掌握动车组列车设备故障、行车事故、突发事件以及应急设备操作等方面的要求	1.能够按照规定处理高速动车组列车发生的非正常突发事件。 2.能够处理基本的设备故障	8
项目五 高速铁路旅客伤害应急处理	1.掌握高速铁路旅客乘降意外伤害和旅客食物中毒的应急处理方法。 2.掌握旅客突发疾病以及其他旅客伤害的应急处理方法	1.能够进行基本的旅客急救工作。 2.能够处理高速铁路旅客应急伤害	6
总计			30

学习组织形式与方法:
教学模式:"教、学、做"一体化。
实施地点:多媒体教室及学校室外实训场。
教学手段:多媒体教学、实物教学。
教学方法:小组合作、教师引导与学生自主研讨相结合

学业评价:
评价原则:平时成绩50%,期末成绩50%。
平时成绩包括课堂表现(10%)、提问(10%)、作业(10%)、笔记(10%)、出勤(10%)。
期末成绩通过期末闭卷考试进行考核,试卷题目注意对知识点有不同层次的考核,覆盖本课程重要的知识点,考查学生识记、领会、简单应用以及综合应用的能力。
课程总成绩分为五个等级:优秀(90分以上)、良好(80~89分)、中等(70~79分)、及格(60~69分)、不及格(59分以下)

三、教学条件

(一)教师团队及职业背景

教师团队由校内具备现场实践经验的双师型教师和现场聘请的兼职教师组成。

（二）教学设施

为保证理论课程的效果，上课时应在多媒体教室上课。除常规教学设备条件外，为了加深对课堂教学内容的理解，可以在图书馆、电子阅览室查阅相关资料，借助校内实训中心相关实训设备，使学生如临现场，理论联系实际，并且安排现场认识实习、实训基地教学等实践内容。

四、实施建议

（一）教材选取

《高速铁路客运安全与应急处理（第2版）》，2025年于人民交通出版社股份有限公司出版，黄丽学、谢婉泽主编，ISBN 978-7-114-19485-6。

（二）教学建议

本课程实行采用多种教学方法及教学手段，结合多媒体授课、案例分析、视频教学等。以学生为主体，教师导学，将学生能力的培养贯穿于整个教学过程中。同时要求专业教师必须熟悉铁路现场，教学才能讲解生动，丰富讲授内容，做到理论联系实际。

（三）课程资源的开发与利用

逐步开发与建设课程教学辅助资源，不断完善教学录像、电子课件、网页课件、案例库、习题集、教学标准等信息化资源。

（四）其他说明

本课程计划安排30学时，教师可以根据学生自身基础及学习能力做适当调整，可不断更新课程资源，课程内容应密切结合现场实际及时更新。